바람도 꽃피는 계절이 있다

신영규 시집

바람도 꽃피는 계절이 있다

인간과문학사

| 시인의 말 |

 마지막 간댕이던 은행잎마저 낙하한다. 구부러진 억새꽃 무리가 애써 결실한 씨앗을 바람에 실어 날려 보내고 있다. 종자를 퍼뜨려 번식을 위한 생존 전략이리라.
 세월이 저물고 있다. 인생도 저물고 있다. 세월 속으로 찬바람이 일자 순식간에 겨울이 한꺼번에 몰려왔다. 숨 가쁘게 달려온 지난 시간의 편린들이 흩어졌다 모여든다. 누구나 세밑이 되면 가슴에 묻어 두었던 회한悔恨이 밀려온다. '회한'은 희망에 어긋나게 일어난 과거 사물의 관념을 동반하는 슬픔이다.
 사람이 나이 들어가면서부터는 존재론적 명제 앞에 서게 된다. 나는 누구이고, 어디로 가는가 등등. 그래서 인생의 영원한 화두는 생사의 문제이다. 인간이 뭘 좀 안다고 날뛰는데, 우주론적 입장에서 보면 인생은 불가사의不可思議. 사람이 태어나 죽는 것 빼곤 아는 게 아무것도 없다.
 인생이란 무엇인가. 살아 움직인다는 것, 매일 세수하고 양치질하고 목욕하고, 예뻐지기 위해 화장도 하고, 멋을 내어 품 잡고 사랑을 위해 열정으로 돈을 벌지만 결국 모든 존재는 반드시 소멸하게 된다는 것. 잘 살기 위해 소유하고, 쾌락을 취하기도, 늙지 않으려 몸에 좋은 것 다 먹고, 오래 살려고 버둥대지만 결국 외로움의 실존적 모습이라는 것. 그리고 부질없는 목숨 수壽자에 저당 잡힌 그것이 바로 인생이다.

올해로 등단 30년이 되었다. 30년이면 문단 중진에 해당한다. 그러나 등단 순으로 작품의 질을 서열화할 수는 없다. 좋은 글을 쓰려고 노력하지만 뜻대로 되지 않는다.

지난 수십 년간 수필과 칼럼만 써왔는데 어느 때부턴가 틈틈이 시를 써왔다. 모아온 시를 버리자니 아까웠다. 오래된 시는 다시 현실에 맞게 고쳤고, 이러한 시들을 모아 첫 시집, 『바람도 꽃피는 계절이 있다』를 상재한다. 시집엔 자연을 노래하는 시들도 있지만 주로 철학적인 시, 인생을 거론한 시들이 많다. 그것은 지나온 내 삶이 철인哲人처럼 살아온 탓이다. 또한 시집엔 일부 중앙지와 지방지의 신춘문예에 응모했다가 낙선한 시들도 몇 편 있다.

이 시집 한 권이 내 삶을 조금이나마 느끼고 여러 사람에게 인생의 의미를 깨닫는 계기가 되었으면 좋겠다.

2024년 12월

青林 신영규(申榮奎)

차례

시인의 말

제1부 바람도 꽃피는 계절이 있다

별의 산책 • 12
벚꽃 이별 • 14
달밤 • 15
달빛 • 16
기도 소리 • 17
바람도 꽃피는 계절이 있다 • 19
책꽂이 • 22
갈대밭에서 • 23
철학이 말을 걸어오다 • 24
녹두꽃 • 25
어둠의 모서리 • 26
침묵과 고요 • 28
생의 한 가운데서 • 29
세상은 • 30
무명無明의 바람 • 31
하루가 열리던 날 • 32

제2부 서러운 밤

서러운 밤 • 34
코스모스 • 36
바람의 상처 • 37
조간신문 • 39
동거 • 41
나이트클럽에서 • 43
세월이여 • 44
세월이여 2 • 45
바람의 향기 • 46
섬진강 매화 • 48
예수와 부처의 싸움 • 50
가을엔 시를 쓰고 싶다 • 52
비雨 • 53
천룡사天龍寺 • 54
구도자求道者의 길 • 55

제3부 노을빛 사랑

야간 장미밭 • 58
노을빛 사랑 • 60
홀로 지새는 밤 • 62
단풍 • 63
단풍 2 • 64

찔레꽃 • 65
가을 여자 • 67
어리석은 중생들 • 68
청보리밭 • 70
산 숲을 걸으며 • 72
산사山寺 예불 • 73
섬진강 연가 • 75
두견이 소리 • 76
촛불 • 78
고로쇠나무 • 80
어머니 • 82

제4부 고독한 새가 되어

고독한 새가 되어 • 84
자화상 • 86
군무 • 88
시법詩法 • 89
연꽃 • 90
그리움의 강 • 91
가을 여정 • 92
화장실 가는 길 • 93
사계절 소묘 • 95
우리들의 고향 • 96

겨울 모기 • 98
신호위반 • 100
억새 • 102
풀꽃 한 송이 • 103
비색翡色의 은유 • 104

제5부 추색秋色의 등 뒤에서

인력소 앞에서 • 108
우일雨日소회 • 110
어느 해변에서 • 111
노을 • 112
가을을 밟으며 • 113
내장에서 백양으로 • 114
동진강 • 115
구두 • 117
풀꽃 피우기 1 • 119
풀꽃 피우기 2 • 121
가슴의 달빛으로 • 123
명상 • 124
목련 • 126
목련 2 • 127
목련 3 • 128
추색秋色의 등 뒤에서 • 129

제6부 그리움은 시가 되고

그리움 • 132
그리움 2 • 133
그리움 3 • 134
그리움 4 • 135
인생아, 너는 • 137
사랑의 밀어 • 139
산나리꽃 • 140
유년의 기억 • 141
사랑은 • 143
밤夜 • 145
애연愛煙의 변 • 147
겨울밤의 사색 • 148
아파트 • 149
슬픔의 무게 • 151
이장移葬 • 154

■ 평설 • 157
인문학을 생활로 구현한 작가의 삶 | **이동희**(시인·문학박사)

1부

바람도 꽃피는 계절이 있다

별의 산책

밤하늘에 별빛이 어둠을 뚫고
내 마음속에서 그리움으로 반짝거린다

동구나무 사이로 별 하나가 비틀거리는 은빛이다

별빛은 털끝 하나 걸치지 않고
빈 나룻배를 기다리며 강가에 서 있다
밤마다 젖어 우는 것들
보드라운 슬픔이 아니라 먼 밤으로부터
저 길고도 무서웠던 길이었을까

굳은 피부를 펼치고 어두운 휴일을 즐긴다
수만 개의 별들 방금 맑게 씻어 어둠에 뿌려놓고
오두막을 지난 삶의 절벽 끝에서
나는 만상으로 서 있는 저 빛들을 간직하고 싶다

거친 바다도 보인다
늙은 고양이가 어슬렁거리는 들녘이 보인다
푸른 잔디밭에서 웃는 도둑처럼
늦가을이 보인다

파문이 넘실대는 새벽 수평선 박히지 못한 못 자국처럼
작별이 쌓이는데
나는 낯선 새별을 헤아리며
그리움의 걸음을 붙들고 그 너머를 서성거리고 있다

벚꽃 이별

햇살에 피멍이 들었는지 낙화가 울부짖는다

붉은빛마다 바싹 마른 시간이 알랑거려서
산을 옮길 수 있는 너의 마음이
두 겹으로 접혀 있는 것을 나는 보았다

이별의 신음소리 이별을 예감하는 것들,
기울어진 너의 눈빛 천길만길 낭떠러지에 구르면
잃어버린 날개로 내 육신 더듬거리고
길가의 봄풀들
의식불명으로 바람의 이파리를 씹는다

낯설지 않다 알 수 없는 예감이
무언을 남긴 채 아득한 길을 헤매인다
배부른 이별이라
다른 이별은 외로움의 군상이다

굽어버린 삶의 이력은
그늘진 기둥을 끌어안은 고통스러운 빗방울이다
그 속에서 언제나
달빛에 놀란 벚꽃잎 그림자 하나가
고요하게 제 혈류를 집어삼킨 뒤에
조용히 가끔 보채는 달의 숨소리를 듣고 있다

달밤

저녁별이 창문 안으로 들어오면
거실에는 전갈의 독처럼 달밤을 물들인다

무성하던 화초들 이내 숨죽이고
내 눈동자와 마주친 조그만 잎사귀들
뭉클한 울음이 젖은 거실을 기웃거리기 시작한다
홀씨주머니를 접은 채
소멸을 꿈꾸고,
어둠이 간직하던 빛나는 기억들을
이내 종종 못 피우는 내 육체 위에서 별 되어 맴돈다

이 수십억의 빈 페이지에 매일 둘러맨 속치마처럼
우리는 쓰러져도 이 세상 다시 살아갈 거라고

풀벌레 한 마리가 좁은 거실을 배회하느라 분주하다
그래서인지 밤의 화초는 눈을 감은 채
맑고 투명한 유리 벽에 기대어 중력을 벗어난
그곳에서 제 몸을 비춰본다

가볍고 느린 달빛의 추락에 발목이 젖었고
내 미래를 흔들어대던 긴 바람이 축대 위에서
축축한 고백을 삼키며
천천히 뭉그러져 가고 있다

달빛

청하지도 않았는데 창가로 나뭇가지가 뻗어 내렸다
밤이 파종한 어둠의 씨가 자란 걸까
아니다,
달빛이 뜰 앞 감나무 가지 한 가닥을
소리 없이 창문 모서리에 걸쳐 놓은 게다

연못에서 피어나는 안개 줄기 따라
내 사념은 아늘아늘 산 그림자를 탄 듯 흔들리고
고요한 밤, 알 수 없는 그림자들이 수런거린다

삼라만상을 변화시키는 저기 저 달
무언의 변화와
무언의 새바람 찬 이야기들
제 가슴을 살리며 꿈틀꿈틀 키우는 저 달,
왜 저 달은 감나무 가지에 밤새도록 걸려 있는 걸까
수구水口에 담긴 달빛을 고이 받는다
이 삼경, 빈 찻잔에 달빛이 넘친다

감나무 가지가 살며시 흔들리자
내 몸도 흔들린다
이 밤,
저 달이 내게, 아니면 내가 저 달에,
취하지 않고는 보낼 수 없겠구나

기도 소리

아직 어둠이 활개 치는 도시 한 귀퉁이,
차량들은 제 신분을 가린 채 어디론가 달아나고
어깨 축 늘어뜨린 갓길의 플라타너스에 추위가 흥건하다
인근 초등학교 운동장엔 조기축구회원들 목소리가 차오르는데,
골목, 밤새 시끌짝이던 1층 호프집의 불이 꺼질 무렵
2층 작은 교회, 얼어붙은 창문 틈으로 불이 켜진다
돌연, 한 여성의 목소리가 건물 난간에 주렁주렁 매달린다
주여! 이 환난에서 벗어나게 해주소서
세상 욕심과 거짓과 미움을 버리게 하여 주시고
마음의 화평과 건강과 특히 물질을 백배 천배 허락해 주소서
이번에는 중년 남성의 목청이 유리 창틀을 잡아 흔든다
하나님께 영광과 찬양을 드리니
만사가 주님의 뜻대로 이뤄지게 하옵소서
두 남녀는 하나님의 등에 올라타 그 목을 죄고 팔을 꺾어
기어코 항복을 받아내겠다는 양 윽박지르고 있다
하나님은 그들의 핍박에 거친 숨을 몰아쉰다
나도 하나님께 협박 기도를 올려볼까
지금 이 나라는 노동자, 농민이 힘겹게 살고 있습니다
청년 실업자들이 거리를 배회하고
오늘도 허기진 희망을 위해 이력서 빈칸 채우기에 바쁘고
핵 문제로 세계는 겨울 추위의 마른 땅을 기고 있습니다

어둠이 웅크린 도시의 한 귀퉁이에 새벽은 아직도 멀고
차량들은 연이어 나타났다 사라진다
1층은 벌써 몇 시간 전에 불을 껐고
2층도 으름장 놓는 일이 용이한 짓은 아니어서
이윽고 노곤한 듯 잠잠해지고, 점차 멀어지는 내 발길에
겨우 살아난 하나님의 지친 발길이 겹치고 있다

바람도 꽃피는 계절이 있다

무질러 가는 저 구름을 보라
저 아랫도리에다 나의 뿌리를 심으리라
그리고 머나먼 곳으로부터
고요의 눈을 뜬 채
빗방울의 맑은 피를 삼키며
이 세상으로 여행을 떠날 것이다

자연의 손금이 똑같을 수 없는 것처럼
잡을 수 있는 것이라곤
거센 파도의 목덜미뿐이다
도망칠 수 없는 나의 신체는
천둥이 오가는
구름에 갇혀 버린 채 젖어 있다
얼굴에 돋아난 상처는 보이지 않았고
구겨 넣은
팔다리가 얼음으로 그을린 채
불길해지는 눈두덩이가 자꾸 확대해 가며
둥근 형태의 소용돌이로
성형되어 가고
그러는 동안 여정의
곡선을 따라
기억에도 없는 빛과 검은 발목으로

구름 속에서 시간을 기다리는
나의 씨앗들
간간이 대지위로 싹을 틔우고 있다
내가 다니던 길에
대각선 하얀 중력이 쏟아지고
공중으로 날아올라 꽃피는 계절을
만나기도 하면서

별들이 봄 입맛을 쩍쩍 다시며
외짝 발자국이 반짝거린다

멍들지 않은 목마른 여름이 건너오고 있다
그때마다
꿈을 가꾸는 꽃밭에 손을 내밀어
어제처럼 오늘은 그 계절을 닮아가고 있다

축축하게 젖은 무른 뼈들
나의 미래를 맞대어 지도를 한 뼘씩
그려 가면서
숨을 크게 쉴 때마다
괜스레 이름이 적힌 명찰을 가슴에 달았다

어느 곳에든지
꽃을 피우러 지구의 중력을 타고
내려가
계절마다 헐거워진 시간과
경계를 무너뜨린 커다란 목소리의
퍼즐을 맞춰가면서
바람도 꽃피는 계절이 있나니

책꽂이

내 골방 동서쪽 벽면에 세 개의 5단
책장이 서 있다
자고 이래의 여러 지식이 도열해 있는
도서 소장고,
플라톤과 장자가 한판 승부를 벌일 듯
동서양 사람들이 서로 눈살을 찌푸리고,
문학과 철학 서적은 사이좋게
정치 경제 책들은 서로의 과오를 떠넘기고
시와 수필은 형제처럼 우호적이지만
소설은 시와 수필을 비웃는다
내가 철학과 문학을 아는 것도
지식 창고에 꽂힌 저 책들의 덕이며,
책은 사람이 만들지만 지식은 책이 만든다
나는 오늘도 내일도 숨 쉴 때마다
인생 텃밭에 지식의 종자를 뿌리고자 하건만
제대로 아느냐고
책장들이 짐짓 꾸짖는 듯하다

갈대밭에서

서걱거리는 긴 모가지를 건들건들
길게 꺼내어 뽑아 들고
강가에서 누군가 낮게 휘파람을 분다
너무 낮아
뒤따라 부르거나 흉내낼 수가 없구나
그 저주파 음으로

상투 풀어 젖힌 회색빛 머리털 휘날리며
꺾였다가 휘어 자란 갈대 줄기들
얇은 가슴팍 속에 부단히 맺혀 달고 있는
바람의 매듭들

홀로서기를 거부하면서
옹이 속으로 풀빛 같은 세월이 파고 든다
하늘을 떠받치고 있는
신성리 갈대이다

온종일
시린 팔목으로 옆 가슴 주위를 문지르며
세상을 휘젓고 있다
주저앉은 붉은 노을 지평선 아래로
까치머리 살짝 돋은 읍내가 보인다

철학이 말을 걸어오다

지친 초록들이 쓰러져 나부끼는 거리
자동차 바퀴에 휘말려 오르는 낙엽 다발들
한 해 동안 여로를 마치고
그 어느 제 곳으로 돌아갈 채비를 서두른다

목과 허리가 잘린 바람의 잔해들
도시 건물 벽에 걷는 길이 가로막히자
서로 흩어지고 합치기를 반복하면서
찌든 세상을
유리알처럼 닦아놓는다

바람의 연주로 익어가는 가을,
그의 부음訃音이 문자로 알려왔다
휴대폰에 저장된 산 자의 이름이
갑자기 망자로 바뀌는 순간
물끄러미 그의 이름이 나를 쳐다본다

목을 죄어올 듯 허무의 그리움,
무의미하게 보낸 하루를 매질해보지만
지워진 길을 다시 갈 수는 없다

그 길은 오직 나만 알 수 있는 이야기를 담고 있다
가을이 깊어가니 철학이 내게 말을 걸어온다

녹두꽃

8월의 땡볕 속을
지금 막 잠에서 깨어난 녹두 꽃잎들
노을을 방방 밟고 일어선다
새된 바람이 톱니바퀴처럼 들판을
가로질러 오면
부르튼 입술에 연신 침을 바르며
바글바글 녹두 꽃잎들이 스크럼을 짜고
말목장터 언덕배기를 줄지어 오른다
파도처럼 휘어진 맥박 소리는
선홍빛으로 흔들리고
거기 서 있던 감나무
마음속으론 어디까지 걷고 걸어가지 않았던가
하얀 별빛과 노란 달빛이 영혼의 다리를 놓으면
그 형형색색 이름 없는 이름들이
혈맥처럼 다시 돋을 날 있을까
그 함성들이 하나둘, 뼈아픈 들바람 되어
들녘을 울릴 날 있을까
황톳길 가파른 오르막 따라
성난 얼굴로 내지르는 외침의 빗발이
노란 꽃비로 우수수 흩날린다

어둠의 모서리

하늘은 조금씩 어두워지기에
푸른빛을 띨 수 있었던 것이다

밤의 날개에서 깃털 하나하나가
어둠을 뿌린다
불 꺼진 방 어둔 이불을 덮고 누워
반추해보는 내 나이를

우리는 날마다 상실한 삶의 퍼즐을 찾다가
구질구질한 삶의 모서리에서 그만두곤 하였다

별이 저 멀리 어둠 속을 수천 년간 날아오며
빛날 수 있었던 것은 어둠이 있어서이다

한 줄기 빛마저도 놓치지 않는
모든 것을 끌어당기는 힘, 그것이 어둠이다

옆에서 옆으로 뻗어간 뿌리와 줄기를 키우는 것은
지하의 캄캄함이다

잎과 꽃의 향을 맡을 수 있게 하는 그 희망 모서리,
그것이 어둠의 수원지이다

태초가
그 어둠 모서리를 한쪽 절개해내고
또 둘로 쪼개내어 빛이란 것을 만들었던 것이다

모든 것은 그 모서리에서 시작하였던 것이다.

침묵과 고요

밤이 턱밑까지 차오르는 어둠 속
고요와 침묵이 내 주변으로 몰려든다

아무 말도 하지 않는다
입이 있어도 말을 못 하는 벙어리처럼
대화할 상대도 없고 말할
자격도 없다

귀가 있어도 듣지 못하는
내 방의 고요가
똬리를 틀고 앉아 있다

침묵과 고요,
누가 더 고상한 품세를 취하는지

어둠과 고요와 침묵의 3종 트리오
외로움으로 비틀거리는 나는
죽음보다 더 깊은
고요를 침묵으로 말을 건넨다

생의 한 가운데서

까만 밤
어둠을 베고 눈을 감는다
고독이 고소해서 맛있는 시간이다
찰나에,
외로움이 소리 지르며 울고 있다
쌓아놓은 삶의 갈피 사이로
그 책 주인공들의 외침과
내 사상의 무게가 맞물려
하나둘 철학자들이 베게 밑으로 몰려든다
몸은 빈 바람처럼 휘청거리고
시간이 별의 가슴으로 스미는 지금,
생의 한 가운데의 흰 구름처럼
고독한 철학자와 함께
내려앉은 행복을 한 점씩 씹고 있다

세상은

세상은 오늘도
어둠 속 거대한 우주 난간에 매달려
얽히고설킨 인생의 매듭을 풀고 있다
때론 수많은 저녁 별들이
우주 난간에서
곱지 않은 시선으로 우리네 마음을 비추지만

풀린 매듭 뒤에는
또 다른 매듭이 하나씩 생겨나고
우리는 매일 인생 교과서인 성인들을 찾지만
생은 매양 새로 생겨난 매듭을
풀어가는 여정

어느 날 세상이 내게로 와서 물었다
삶의 이유를 아느냐고
나를 희생할 수 있냐고
인생의 강물이 영영 돌아오지 않는 것을 아느냐고

하늘이 빛을 내리고
어둠 속 달과 별들이 불을 밝혀주며
지상의 만물들 지금 산과 들 그리고
강을 건너고 있다

무명無明의 바람

이 밤, 어둠이 농밀하다
우물 속에 빠져 허우적거리는 삼경,
내 어깨를 스쳐 가는 무명無明의 바람 한 점이
나의 불면을 호주머니에서
세상 밖으로 끄집어내어 툴툴 턴다

달빛 한 가닥이 섬돌 위를 디디며
섬으로 표류하는 내 몸을
포박한다

시계 초침이 흔들릴 때마다
내 생계의 보풀들이 풀풀 날린다
채워진 적 없는 나의 빈 사발에 불면만 가득하다

저 겨울나무들은 삭풍을 맞으면서 자란다
나의 불면은 낡아 못 쓰게 된 지갑처럼
세상 밖이 어색하기만 하다
농밀한 어둠이
우물 속 삼경을 따라 가라앉는 밤

흐린 달빛을 따라 섬처럼 흘러간다

하루가 열리던 날

고요한 밤
깊은 잠결에 꿈을 꾸다
눈을 뜨면
아무 몰래 찾아온 외로움이
내 곁에 소리 없이 내려앉는다

빈 운동장에 속절없는 바람만 살랑대는
가을밤이다

초여드레 달빛은
산허리를 숨 가쁘게 기어오르고

창공의 은하수가 우수수 떨어질
마지막 흔들리는 잎사귀에
붙들린 새벽
어느덧
오렌지빛 햇살을 물고
또 하루의 힘찬 날개를 편 채
하얀 파도의 치마를 걷어 올리며
비상을 시작한다

2부

서러운 밤

서러운 밤

비가 내리네
헝클린 내 마음과 욕망 없는 가슴에
비가 내리네
그리움도 함께 비가 되어 내리네

처마 끝 지붕 위에도 외길 전깃줄에도
여린 단풍나무 잎에도
그리움이 달빛처럼 하염없이 내리네

떠나간 그대
울지 말고 슬퍼하지 마라
눈물은 그리움이 고파 흘리는
외로운 눈물이 아니라
서러움의 가장 빛나는 눈물이다

밤이면 밤마다
외로움이 그리움으로
그리움이 서러움으로
이 밤은 왜 이리 야생화처럼 싸늘할까
처절한 외로움과 그리움
오롯이 하늘과 나뿐인 끝없는 이 세상에
마음껏 울도록

그냥
가끔 혼자 있는 시간이면
수만 번 흔드는 하얀 손수건에다
내 두 눈물을 흥건히 적시고 있다

코스모스

한 점 실바람에도 한들거리는
부러질 듯 휘어질 듯
가녀린 네 허리는
찬란하게 빛나는구나

여러 색채를 띠고 다듬어진 네 얼굴
어제 아침에는 입술을 벌리며
이슬방울 문지르고 화장을 하였구나

쪽빛 하늘 아래 신작로에 서서
서로 얼싸안은 채
마른 가을을 한아름 안고
춤을 추는 네 모습은
취기 어린 명기(名妓)의 신들린
학춤이어라

바람의 상처

가야할 목적지 먼 길을 두고
바람에도 상처가 있다

먼 길 돌아서
산과 바위에 부딪혀 온몸이 찢긴다
언 강을 건너올 때면
얼어붙은 날개가 꺾인 채로
몰아가다가
평지를 가를 때면 곪아 터진
제 자리에서
새살이 차 오르기도 한다

짙푸른 잎을 제 혼자 틔워내는
무형의 바람결이다

바람의 상처 때문에
이파리가 갈가리 흩날린다

바람은 늘
상처 난 곳을 감싸고 제 갈 길을
멈추지 않는다
할퀴고 휘어질지라도

정신을 깨치고 부러지지 않는
제 몸을 날리며
쉼 없이
새로운 길을 찾아 길을 나선다

조간신문

어둠이 30도로 기운 새벽
비상등 켠 트럭 한 대가 좁은 길 진입해 들어온다
기다렸다는 듯 어둠 속 사내들이
굶주린 하이에나처럼 나타나 차의 꽁무니로 몰려든다
차 문이 열리고 신문 박스가 쿵쿵 뛰어내린다
신문 뭉치의 밴딩을 풀고 비닐을 벗겨내자
꽁꽁 묶여 있던 뉴스가 세상 밖으로 봇물 터지듯 쏟아진다
사내들의 몸동작이 빨라지고 곧 속지 작업에 들어가는데
오늘의 메인 뉴스는 "사법농단 판사 탄핵 요구한 판사들"이다
어떤 날은 북핵 문제가, 어떤 날은 파업 기사가
세상을 거꾸로 매달고
가로 78.5센티, 세로 54.5센티의 종이에는
세계의 거대한 국가 조직이 꿈틀대며 송두리째 담겨있다
그 안에는 트럼프도 푸틴과 아베와 시진핑도 출연하며
문 대통령과 김정은 국무위원장의 만남도
어떤 날은 아프리카 최빈국 니제르 대통령의 말소리도
들린다
배달 오토바이는 25층 아파트 단지를 단숨에 기어오르다가
이내 후미진 골목길을 굽이굽이 돌아 상가 앞을 지나면
사람들은 습관처럼 세상을 펼쳐 들고 읽으며 새날을 맞
이한다
한시도 바람 잘 날 없는 세상

전직 대통령이 둘씩이나 구속된 나라
이유 없이 사람을 칼로 찌르고
물컵 집어 던지며 사람을 바퀴벌레 취급하는 갑질의 사회
그래도 연말이면 기부 천사들이 세상을 모닥불로 밝힌다
세상사 온갖 아귀다툼까지 고스란히 담아낸 조간신문
단 하루 동안만 살다 죽어야 하는 등신이지만
너는 살아 움직이는 긴 목숨의 생명체,
너의 가장 아름다운 일은 권력의 칼날을 무디게 하는 것
잠든 새벽, 뉴스 메신저들이 던져놓고 간
세상사의 소용돌이
내일은 또 어떤 세상이 종이에 담겨 던져질지
누구를 저울에 올려놓고 무게를 달지,
얼마나 기이한 세상의 민낯으로 닥칠지 기다려진다

동거
-전주 한옥마을-

태조로 가로등은 늘 시선이 싸늘하다
경기전으로 모여든 사방의 나목들이
옹기종기 모여 추위를 쐬고 있다
봄은 기다리지 않아도 온다고 믿어보자

건너편 가게 앞에
사내들 푸념이 소주잔을 건네들며
덥수룩한 달빛 곱은 손으로 잘게
부수어 잔을 비추고 있다

한옥마을 입구,
낡은 기와집 서까래에는
거미줄이 오갈 데 없는 사람들의
마음처럼 엉켜 있다
장방에서 귀골이 장대한 사내
광채 서린 눈빛으로
자신이 메시아라고 지껄이는 그는
수십 년 동안
바퀴벌레와 서로 부둥켜안고
동거 중이다

가게 앞 낡은 군복을 걸친 사내와
수다쟁이들이 정원에서
세상 흔들기에 바빠
유리잔에 먹힌 달빛을 날리고
경기전 은행나무 끝 가지에 겨울이
얼음기둥으로 뻗어나가고 있다

메시아 사내의 호탕한 웃음소리
텅 빈 집으로 발길을 털어내고 있다

나이트클럽에서

지하 밀실에 천둥과
먹구름 한 자락 휘몰아치는가 싶더니
고성능 스피커 진동이 폭풍처럼
휘몰아치다

하루 내 막힌 체증滯症을 털어버린다

비틀거리는 오색불빛의 사이키델릭
화려한 점등 아래서
미친 듯 뛰며 발길질로 허영을 장식하는
백여 쌍 영혼을 부패시키는 족속들

가슴에서 쏟아내는 빛과 어둠의 열기
극락과 지옥, 환희와 몰락 속으로
성숙한 육체에서 벗어난 폐의
진신사리를
자욱하게 내뱉고 있다

세월이여

오랜 꿈을 찾으러 여기까지 왔네

삶을 속여 가는 희미한
빛 속의 내 청춘
떨어진 열매처럼 행복마저 놓쳐버린
지금
자꾸 가고 있는 시간을 바라보네

철새들처럼 떠나갈 야윈 세월을 잡아
애원하듯이
텅 비어있는 하늘에다 젊은 날의
반성문을 쓰고 있네

세월이여 2

세월 따라 어디로 떠가든 다니다가
야망도 버린 채 유한한 고향 집
그리고 추억의 감성에 젖는다

소멸해가고 있는 늦저녁 냇가에서
흐르는 시간을 본다

순결하고 고운 하얀 구름처럼
나의 청춘도
행복도 놓치고
여지없이 삶을 속여 가는
슬픔과 노여움만 남아 있다
세월아!
나의 끝없는 인생 열차이기에
어디서나 괴로워해야 했다

바람의 향기

파란 하늘이 쨍그렁하고 깨질 것 같은
맑은 가을이다
햇살이 바람과 이파리 한 줌을
기죽이고 있다
쌀쌀하고 바싹 마른 계절이
가을을 싣고
호수 같은 내 마음과
마지막 근육을 문지르며
불타고 있다

장맛비가 끝날 무렵에
즐거워해야 할 눈치라도 챘는지
옷소매 끝에 가을이 스며들었고
아직도
정오 태양은 이글이글 거리는데
가을, 소리 없이 다가오며
소소한 실바람 콧등을 깐죽거린다

그곳의 가을 향기는
숲속 내음의 오색이 된다
달과 별, 하늘이 나뭇가지에 걸리고
내 가슴은 멋진 너를 맞는다

이 밤 야영 텐트를 벗어나 하늘을 보니
가을바람 향기에 내 마음
별이 되다

섬진강 매화

물빛 따라 어른어른
봄 그늘에
매화 향 그윽한 섬진강 주변
강마을도
산마을도
여린 꽃 날개에 묻혀
따뜻하고 은은하게
봄 매화 터진다

백매, 홍매, 청매 망울망울
저 혼자 맺혀
동토의 혹한을 이긴 군자다

매화꽃 다져진 밤에
뜨는 달이라
꽃잎마다
푹 젖어 서럽기도 해라

실바람도
바르르 꿈을 잃었는지
금이 갈까 두렵기도 하다
임의 미소처럼

아름답다
붉은 지고한 꽃잎의 정열에
한낮이 미어질 듯
용솟음치는
내 마음이 닮아간다

예수와 부처의 싸움

2천 년 전의 예수와
2551년 전의 부처가
나름대로
흙 묻은 맨발로 사바세계에 내려와
말씀과 불법을 통해
닭이 먼저냐 달걀이 먼저냐
허공이 먼저냐
이길 수 없는 한판 대결을 벌인다

부처는 산중 절에 형상을 만들고
예수는 세간에 교회와 십자가를 세워
목탁 소리 울리며
징글징글 크리스마스 캐럴 울리며
싸우고 또 싸워도 무승부다

예수는 사랑의 씨앗으로
부처는 자비의 꽃으로
인간 세상을 아득한 꿈으로 구하려 하나
이미 세상은 요지경 시궁창 속의
아수라장

무엇이 떠받친 참 진리요
무엇이 숨이 막히는 거짓과 가면인가
하늘을 둘로 쪼갤 수 없듯이
수천 년의 종교간 진리도
따로 없다

가을엔 시를 쓰고 싶다

가을엔 시를 쓰고 싶다

빈 나뭇가지에
자수를 놓은 듯 색 무늬들
붙어 있는 시
배부른 열매로
익어가는 시
나뭇잎 떨어지는
허무의 시
여름날 피곤했던 영혼들
가을 들판에 눕히고
아련히 꿈에 잠기는
커다란 추억의
시를
가을 단풍 오솔길에 섞어 쓴
높은 하늘의 시 한 수
다분하게 읽으며
나도
그런 시를 쓰고 싶다

비│雨

비는 우리 몸 한구석에 씨앗을 뿌린다
비는 눈물처럼 끝내 자디잔 흰 꽃을 피운다

비는 뇌가 눈물을 흘리도록 신호를 보낸다
비는 짜디짠 슬픔의 뜬봉샘에서 발원한다

비는 말한다, 아들아, 울고 싶을 때면 실컷 울어라
비는 어머니의 목소리로 말한다 거침없이 울어라

다시 낙엽 지는 가을이 집 앞 길가에 어느새 왔는데
비는 오지 않은 그해 가을에는
나도 모르게 동구 밖으로 나가 하릴없이 기다렸다

올해는 가을장마가 내 작은 뜨락을 적신다
비는 한소끔 뿌려 놓아 뿌리 알갱이가 꽃무릇을 피우게 한다

비는 어머니가 정화수를 또 담아놓은 흰 사발에도 내린다
비는 고향 뒷산 비탈길 자갈밭으로 눈발처럼 내린다

비는 이 땅 한 구석에 먼 봄을 뿌린다
비는 눈물처럼 끝내 푸른 새벽 놀을 피워 올린다

천룡사 天龍寺*

모악산 기슭 바위 밑에 천룡사가 자리 잡고 있다
함석지붕 위에 제 몸이 부끄러워 숨기려는 듯
해는 내려앉고,
빈 집 헛간처럼 초라한 대웅전의 풍경은 울면서
제정신을 잃어 가는데,
극락정토 부처님 한 분이 며칠째 곡기를 못 한 채
누군가를 기다리며 선정에 들었나 보다
가을이 오고 있는데, 가을은 자꾸 오고 있는데,
주지 스님은 대웅전에 빗장을 걸어놓은 채 어디론가
떠나 돌아올 줄 모른다
나의 오랜 산행도 모를 거다
빙긋이 빗살문을 열어보니 숨이 막힌 부처님,
숨을 한 달가량 몰아쉬는 듯 손사래를 치며
어이, 나 좀 살려줘 하신다
가을 막걸리로 거나하게 취한 모악산은 몸을 던져
활활 타오르는 듯
색동저고리로 갈아입고 있다
천룡사는 하늘에 살고 있던 용을 잡아다가 부처님께서
꿇어 앉힌 곳이다
이곳이 바로 극락정토이던가

---

* 천룡사 : 전북 완주군(전주 근교)구이면 모악산 중턱에 있는 암자.

구도자求道者의 길

우주를 슬프게 하는 중생들아

천지대도天地大道를 깨우치라
천지대도는 네 가까이에 있다
모진 마음 바람처럼 비우고
남을 위해
열심히 흐르는 물길이 되어
아낌없이 베풀어라

우주를 어지럽히는 중생들아

파괴된 죄마다 영혼을 묶는 사슬이며
네 마음을 깨끗이 씻어 주거라
몸은 허물어지는 전생의 모래성이며
살은 흐트러져 썩어 문드러지고
앙상한 뼈는 세상을 대신하여
강추위가 곁든 겨울
빈 외딴집
표주박처럼 처참하게 나뒹군다

천지대도를 거역하는 중생들아

여름 모깃불 연기 따라 날으는
하루살이처럼,

네가 찾는 것과 이미 찾은 것은
우리들의 세상을 다 벗겨 놓아버린
다 헛되고 헛된 것뿐이니
깊은 정을 녹인 채 선술집
마지막 잔에
도리를 묻고 삶의 도道를 깨우치라

광명光明은 그대 맘속에 소리 없이 있나니
부디 구도求道의 길로 나아갈지어다

3부

노을빛 사랑

야간 장미밭

핑크빛 네온사인이 일렬횡대로 늘어선 골목길
짙은 화장에 높은 구두들,
엉덩이만 가릴 정도의 짧은 원피스의 젊은 장미꽃들이
삼삼오오 모여 앉아 깨알 같은 웃음을 풀어놓는다

짙어지는 홍등 빛 속을
하나둘씩 하이에나들이 깨어 움직인다
까만 선팅 차량, 창문을 열고 저속 주행하면서 사방을 훑는다

시선은 일방적이다, 웃음을 준다, 말을 붙인다. 손짓한다
얼마 후 술 취한 사내의 갈지자걸음이 멈추고
흥정이 끝나더니 이내 네온사인의 방문으로 사라진다

어둠은 저만치 물러나고 밤과 아침 사이의 중간의 시간,
검푸른 대기에 보라색 잉크가 물들어 별은 자취를 감추었다

느닷없는 오토바이의 굉음,
술기운 질퍽거리는 남녀들의 목소리가 서로의 신원을 가려주며
사내가 머문 방으로
다른 사람이 밀려왔다 빠져나가기를 반복했다

홍등이 고된 표정으로 새벽하늘의 별을 응시한다
어쩌다 그 장미들은 밤에만 피게 되었는지

밤은 매일 쪽방들 속으로 들어오고 나가기를 반복하며
세상의 한쪽 가슴이 울컥거리고 있다

노을빛 사랑

창밖 빗방울이
밤새
노래 부르던 날이었다
그대와의 사랑
맑은 호숫가에 풍덩 빠져버렸지요

솜털 같은 그대 가슴에
얼굴을 묻고
깊은 내 마음 호수에다
그대 영혼을 헹구어
정다운 청춘의 사랑을 만들었지요

그러나
연분홍 향기 채 기시기 전에
아득한 구름을 따라
훌쩍 떠나버린 그대였지요

낙엽 지고 비 내리는 몇 해가
오고 가기도 했건만

지금은 앞장을 서서 봄은
오고 있는데

첫 만남의 그 호숫가에는
노을이 해를 등지고
호수에 앉는 채
잔물결에다 겹겹이 입술을
마주 대고 있네요

홀로 지새는 밤

달빛을 껴안으며 회상에 젖는다
고향에 돌아와 홀로 지새는
이 밤

바람이 된 허무한
나의 생애들
지난 세월은 비 맞은 새의 죽지처럼
빈 날개다

흐릿한 불빛이 창백한 얼굴을 슬퍼하듯
서럽게 울어대는 이 가을날
어린 풀벌레 소리

그래도
바다 건너 활화산처럼 타오르는
순하디 순한 내 마음 하나
달빛에 걸어 놓고
가슴을 쥐어 뜯기를 수 날들

내 일생의 눈부신 미소를
오늘에다 띄워 보이며
두 손을 활짝 펼쳐 보일 것이다

단풍

낙엽송 우거진 계곡을 따라
능선으로 접어드니
오색 빛 낙엽들이 우수수~ 우수수~
가을이 소리치며 바람을 몰아오고 있다

목 놓아 울고 있는 단풍과 하늘 사이
그 아우성은 찬란한 핏빛이런다

우주를 향해 탄식하는
슬픈 아우성
슬픔과 추억을 안으로 삭이며
끝내 지쳐 오열하는 저 가엾은 영혼이여

그리움과 서러움에 가슴 조이다가
안타까운 정한(情恨)으로 얼룩져
온몸으로 울고 있는 붉은 여인이여

진정,
그대를 사랑한 만큼 너무나
큰 사랑의 눈물이
바스락거리는 세상을 마지막으로
가슴이 타는구나!
마른 눈물이 타는구나

단풍 2

얼룩으로 물들어가는 사랑이 아니라
나의 욕망의 끝이
버얼건 가슴앓이를 하는 것이다

결박을 풀어
겹겹이 태워버린 채
죽음과의 상면으로 이 가을 닮아
바스락거리는 세상만 남아 있을 뿐

이냥 정신없이 찾아가는 고즈넉한
맨발의 가장 낮은 그 길
화엄華嚴으로 가는 통로이다

찔레꽃

푸르른 녹음 속 비탈진 산언저리
개울가 언덕에
쌀 튀밥 터진 듯 어지러운 찔레꽃다발
가시덤불 사이로 웃고 있다
화장기 없는 소녀의 티 없는 얼굴이
얼굴 중 더 정이 끌리는 것은
찔레꽃에 서린 아련한 추억 때문일까

찔레순 꺾어 껍질 벗기면 파란 그 속살을
입속에 넣고 씹으면
상큼한 찔레 향과 함께 달착지근한
물이 입안으로 휘돈다

허기 달래려고 찔레순 꺾어 먹던 어린 날에
방과 후 산으로 들로
그 시절에,
찔레 순은 나의 유일한 여자친구
장미보다 강렬하지 않고 백합보다 희지 않아도
나는 찔레꽃만을 사랑하다
속절없이 늙어버렸다

찔레꽃 슬픈 사연은
시집간 남편 잃고 평생 수절한 과부다

아련한 달빛이 감싸 안고 흐드러지면
선녀의 치마폭처럼 아늑하고
포근한 정이 한 가득이다
온 누리에 향기를 풍기며 내 고향 들길에
하얗게 핀 찔레꽃

오늘따라 찔레꽃 사랑처럼 그대가
추억 속에서 떠오른다.

가을 여자

석양 놀이 서산에 걸릴 때
진한 라일락 향기 풍겨오는
가을 여잘 만났었지

임의 발걸음마다
낙엽 구르는 소리 밟아가며
긴 팔 허리 감아 한적한 강둑을 거닐었지

노을은 그림자로 묻히고
달빛 출렁이는 강물 위에서
북두칠성의 꼬리가 맞닿을 때면
우리는 서로 얼굴을 묻었지

낙지의 빨판처럼 엉겨 붙은
우리는 눈을 감았고
구름 한 점 가린 달빛 뒤에서
별빛만 붉힌 밤을 지키고 있네

어리석은 중생들

천지대도天地大道를 깨우치거라
중생들아
너희들은 참 속에 있을 것이다
마음을 모두 비우고
나보다는 남을 도와라
아낌없이 베풀어라

우주를 어지럽히는 검은 연기 같은
중생들아
네 마음을 푸른 하늘같이 씻어라

몸은 허물어진 모래성이며
살은 썩어 문드러지고
뼈는 번갯불이 지나가 타버린 듯 검고
해골은 구멍 난 표주박처럼
나뒹굴며
막다른 골목을 헤매어 서성거린다

천지 대도를 거침없이 거역하는
중생들아
가을날 허공만 뱅뱅 도는 하루살이처럼
네가 찾는 그것과 이미 찾은 것들

다 헛되고 헛된 것
자기 자신 스스로는 무거운 짐 덩어리
도리를 묻고
삶의 목발을 딛어 도道를 깨우치거라

청보리밭

봄기운 쏟아지는 날
초록 물결이 출렁이는
널따란 고창 청보리밭이다

삼십만 평 초록 바다
꿈속 같은 초록길을 거닐면
사락사락
보리잎 비비는 소리
푸른 향기로 마음은 맑아지는데

실타래 풀리듯이
봄바람 한 점이 스쳐간다

보리밭마다 야윈 옛 추억의
시간을 모아
보릿고개 서럽던 전설이 여문다

청보리 한 줌 그을리면
매운 눈물이 줄줄
까맣게 손과 입에 묻은 채로
먹어도 또 먹어도
채워지지 않는 허기진 굶주림이었다

청보리밭 이랑따라
어느 길을 걸어도
향수에 젖어 아른거린 봄날이다

내 고향에서도
마을 당산나무 모서리 지나
청보리 줄기 꺾어 들고
구슬프게 보리피리를 불다 보면
숨 멎은 듯 오늘이 저물겠지

산 숲을 걸으며

늙은 갈참나무 숲을 몰고 온 바람에
구절초 꽃잎이 추위에 떨고
천년 산성을 지키는 토종 소나무
잠에서 막 깨어나
양손 흔들면서 기지개를 켜고
병사들의 사열을 받는다

구령 붙이는 소쩍 거리는 어린 새
첨병尖兵으로 달리는 다람쥐
따뜻한 산골 옥빛 계류에서
진군나팔 울리듯 힘의 상징
폭포 소리

구상나무, 오리봉나무, 참나무의
별동대別動隊가 줄지어
숲길마다 전방을 지키는 일개 여단
이런저런
열 지어 사열을 받는다

산사山寺 예불

굴뚝을 빠져나온 잿빛 구름이
법당 옆 소나무를 스치고
투명한 시간을 거슬러 승천하고 있다

부처님 얼굴 씻은 두 손을 거두어서
산비탈에 오른다

질곡을 채찍질하던 어둠이
숨죽인 채
바람을 등진 느티나무 이파리는
잠들지 못하여 미동이 없다

초려焦慮한 몸짓과 합창으로
향불 사이로 흔들리는
새벽
스님의 목탁 위로 정한이 스며들고
별빛도 함께 내려와 앉는다

연등을 줄에 달고 독경 소리
불 밝혀
번뇌와 망상을 어설프게 벌거벗긴
세상 전생의 영혼들에게

목탁에 어른거리는 어느 그림자가
장삼을 걸친 채
백팔 번 불공을 하고 있다

섬진강 연가

봄꽃 지는 섬진강 물결에
초록이 출렁거린다

굽이굽이 흐르는 은빛 강줄기 건너
청보리밭 옆에
봄을 안고 춤추는 망초꽃이 향기롭다

차창으로 보이는 강변 디딤돌에서
번뇌가 한발 두발 씻겨 내린다

찔레꽃이 바람에
옛사랑을 하얗게 날리고 있다
그리운 임 서 있는 듯
산수유 까치발 섬진강에 담궈놓고

그대,
이렇게 꽃떨기 고운 날
황홀한 미소를
섬진강에 흘려 내리며
제발
그날처럼 내게로 오소서

두견이 소리

푸른 달이 구름을 헤쳐 가는
침묵의 밤이다
인적 없는 깊은 골짜기에
두 눈에 등불을 켜고
목 놓아 우는 너
무슨 한이 그리 많았을까

천 리 밖에 두고 온
그리운 형제들 부모님 생각일까

칠흑같이 깊은 밤이다
길 잃고 헤맸던지
나뭇가지에 쪼그리고 앉아
홀로 우는 두견이 소리

세상은 잠들고 적적한데
피를 토하듯 상처를 메우려는지
울어대는 두견이
네 울음이 내 심장을 파고드는구나

이 밤 달빛을 더듬으며
과거를 슬퍼했으니
오늘 밤 이 시간 이후에는
먹구름 둥지를 떠나 울컥거리지 마라

촛불

1

두 만둣집이 유명정육점 양어깨를 떠받치고 있는 전주시 완산구 삼천동 삼익 수영장 로터리. 붉은 형광 불빛 한 가닥이 도로의 한 귀퉁이를 흘깃거리고 있다 가게 안에는 굶주린 사람들이 피난 행렬처럼 길게 늘어서서 불빛을 끌어안고 차례를 기다리고 있다 상처 난 도마가 피를 빨아먹을 때마다 금고 안의 인물들이 아우성친다 이황, 이이, 세종대왕께서 등을 돌려 돌아눕기도 하고 때로는 서로 입을 맞추기도 하면서 신바람이 나셨다 종업원의 속눈썹이 억새처럼 흔들릴 때마다 칼날이 더욱 예리하게 춤을 춘다 간판 속의 소들은 이승과 저승의 갈림길에서 한가하게 풀을 뜯는다는 거짓말도, 잔꾀도, 남을 등쳐먹는 일도 없는 오직 우직하게 일만 하는 소, 정말 화가 나면 무심한 하늘을 떠받기도 하고 뒷발질로 지구를 걷어차며 분을 삭이었으니 나의 살은 인간들의 입맛으로, 뼈는 영양으로, 피부는 장고와 북이 되어 웃음과 즐거움으로 회한을 풀기도 했었지

2

그러나 최고의 인증마크를 목에 걸 땐 자부심도 컸지만, 미국산 얼룩소를 수입하여 어찌하란 말인가 지난해 전국 장터에서 나를 살리려는 촛불의 힘을 보았는가 촛불은 지금도 하늘에게 항변하고 있다 촛불은 꺼졌지만, 다시 붙이

면 붙는다. 올해는 나(牛)의 해다 우울한자, 괴로운 자, 고통 받는 자, 상처뿐인 실업자, 그들에게 희망이 있는 곳이라면 나는 촛불을 코에 꽂고 큰 눈 부라리며 어디든 달려갈 것이다

고로쇠나무

난 벼랑에 서 있는 죄뿐이 없네요
왜, 죄 없는 내 심장, 팔다리
구멍을 뚫어
그것도 모자라 목에 칼 부려
효시해 놓았나요

내 피를 마시고
내 눈물을 마시고
천년의 삶 누리시려는지
만년의 삶 누리시려는지

백 년을 채 살지 못하며 가는 인생살이
나이 먹은 어른도 몰라보고

말 못 하는 나무라고 죄 없는
내 형제자매
목을 찔러 아픔을 주고
내 몸, 마음 이리 처참히 찢으셨나요

당신에게 무슨 잘못이 있어
내 몸의 피와 눈물을 빼려거든
푸른 하늘을 보세요

어찌 창세의 하늘이 두렵지 않나요
몸이 너무 아파서
이제 영산을 지킬 기력이 없네요
내 마음 더 이상 찢지 마세요
그 구멍으로 마음 버섯을 키울 겁니다

어머니

풀벌레 슬피 우는 어느
여름날 밤
어머니는 어린 육 남매를 남겨두고
다시 못 올
머나먼 곳으로 떠나셨습니다

낡은 치마폭으로 자녀들을 감싸시던
어머니,
무엇이 그리도 성급하시길래
홀연히 떠나셨나요

지난밤 어머니가 보고플 때면
외롭게 뜬 별을 보며
그만 눈물 강에 빠지곤 했습니다

한 송이 들꽃으로 오셨다가
칠색조처럼 날아가신
어머니,
오늘 밤도
봇물 터지는 그리움을 막지 못해
고단한 삶을 베고 누워
빈 가슴 쓸어내려 봅니다

4부

고독한 새가 되어

고독한 새가 되어

밤이 흐른다
외로움이 고요를 타고 미끄러져
소리 없는 비명이다
고독은 고독해 본 사람만이 안다

고독할 대로 고독하다 보면
고독마저
사랑하게 되고
구원의 시간으로 변한다

고독은 날개를 펼치고 수직의
꿈을 꾼다
내가 나하고 대화할 수 있는 시간이다
술에 취하지 않아도
낭만의 세계를 경험할 수 있다

그 고독의 순간이 다가온다
다정한 내 친구
내가 태어난 고향이고
내가 자란 지금의 보금자리다
영혼이 피로하거든 고독과 친숙해져라

이렇게 지친 밤에도
고독을 찾아
고독새가 되어 날아가리라

자화상

오늘도 하는 일 없이 하루해를 모두 삼킨다
나의 세상은 언제나
빈 술잔에 취한 듯 비틀거리고
집으로 향하는 힘없는 발걸음 사이마다
휘청거린 삶의 무게가 천만 근이다

어둠에 포위된 가냘픈 영혼 위에
이지러진 고뇌를 끌어안고
나는
차디찬 방에 드러누워
삶의 뒤안길 빗장을 풀어 되돌아본다

내 삶은 언제나
암묵적 지위에서 시든 낙엽이었고
휑한 황무지로 입술이 부르튼 채 내몰렸고
시린 바람이 불쑥 들어
구멍 뚫린 가슴에 차곡차곡 쌓여만 갔다
그간 홀로 버티며
고독한 계절의 벼랑 끝 언저리에서
행복도 희망도 놓쳐버린
이제 살아온 날 내게 말하노니

지평선 위의 해를 모자로 만들어주고
향기로운 구름산을 나에게 다오

군무

해는 뉘엿뉘엿 철새도래지를 휘감아 비추어
겨울 호수 한가운데 머문 채
수만 마리의 철새들이 무리를 지어 앉는다

파란 하늘에 검은 구름처럼
하늘을 뒤덮는
가창오리 떼의 발돋움의 비상이다
어깨를 짜고 편대 비행을 하며
발레리나처럼 ㄱ자로 다리를 꺾는
기러기 떼들

철 따라 이동하는 새떼들의 불안한 눈빛들
어지럽게 흩어졌다가도 일사불란하게
자연의 질서로 열 지어 날고
두근거림을 깃털 속에 젖히면서
새들의 군무는 뛰어난 최고의 연기력이다

철이 바뀌어도
떠나지 않는 철새들이 있다
지구 온난화와 난조 탓이겠지만
오던 길 잃어 덩그러니 앉아 있는
외로운 새들에게는
또 다른 이유가 있을 것이다

시법詩法

늬 시어들은 석류알 같구나
미어터져 바글바글 넘치는
차라리
새벽 청소차가 신작로를 쓸고 가기 전
길거리에 입 벌린 채 참수되어 널려 있는
검은 비닐봉지들 같아야 하느니

그 안에
잘 익은 알밤 두어 개 정도만 들어 있으면 되느니
나머지는 아쉽도록 풍덩 하니 헐렁거려야 하느니

늬 시가 풀빵 담겼던 신문지 봉지 같구나
구겨진 채 비에 젖은 낙엽처럼 길바닥에 달라붙은
차라리
노을이 땅거미를 붉은 멍석처럼 쭉 던져 깔아놓기 전
광장에 죄 버리고 간 전단지들 같아야 하느니

그 가슴속에
사진 한 장과 글자 몇 자 정도만 적혀 있으면 되느니
나머지는 아깝도록 허전하게 희멀건 해야 하느니

연꽃

진흙 속에 살아도
때 묻지 않고
맑은 물에 씻기어도
요염하지 않은
너는
꽃 중의 군자다
때 묻은 물 먹고 살아도
그윽한 향기 뿜어
세상을 밝힌 불꽃으로
내 마음 태우는
사랑하는 내 신부여
용궁 거니는
청아한 네 모습
감히
어쩌지 못하고
애타는 내 사랑
미칠 것 같구나

그리움의 강

밤마다 이슬 맺힌
풀잎의 꿈을 마음속에 품어본다
그대 목소리가 들꽃 되어
지친 내 영혼에 안식을 주었다

풀잎에 쏟아지는 간절한 그리움이
달빛보다 더 아슴아슴 다가와
흘러간 옛사랑 이야기 한 올씩 풀어
풀잎의 아쉬움을 별빛 속에 묻는다

두 눈을 감아버린 듯 뒤척이는 밤
조각난 파편처럼 시간을 회억의
강가로 흘러내리고
번뇌와 희열이
반짝이는 별빛에 잠들어간다

고요히 흐르는 그리움의 강가에 켜져 있는
내 영혼의 희미한 촛불 위에
그대가 타오를 듯
낯선 바람이 먼 곳에 어두운 울음을
토해 놓을 듯
조막손처럼 낙엽이 바삭거린다

가을 여정

가을에는 시가 운무처럼 내린다
하늘과 나무에서도
홀로 선 영혼에게도
흔들리는 바람의 고독처럼
시가 되어 익어만 간다

허허로운 숲길에서
피곤한 일상의 정수리와
저만큼의 순결을
들판에 눕히고
자꾸만 등불처럼 뒤척이는데

앙상한 가지 끝에
풍만하던 초록빛 잎새의 맥박이
매달린 시를 흔들며
단풍나무는 오색샹송을 부른다

묵은 햇살의 살점들
밀려오는 그리움의 강가에서
텅 빈 고요의 호숫가에서
마침내
물 마신 외로운 낙엽이 된다

화장실 가는 길

전주 덕진경찰서 옆 아름다운 컨벤션 웨딩홀 1층 로비,
신부 대기실 통로 끝자락에
화장실 가는 길이 여우 꼬리처럼 매달려 흔들거린다
접수대 테이블 주변으로
하얀 봉투들이 배설을 기다리며 줄이 서 있다

통로가 소음들로 웅성거림이 채워지며
삼단화환으로 열 지어 피어오른 꽃들
가을 단풍을 한참 토해낸
그 단풍잎으로 치장한 크고 작은 행렬이
화장실 앞에서 자신을 스스로 비우기 위해 길게 줄 서 있다

하객이나 신랑·신부나 가장 먼저 털어내야 할 것은
나름으로 걱정인 것을
각자가 쏟아내 해결해야 저만의 심려들이 있는 것을…

이제 화사한 예식이 마무리되면
신랑·신부가 제일 먼저 해야 할 것도 역시
제 안의 온갖 것들을 죄다 털어내는 일이리라

그리고 다시 내일
그 비어있는 첫걸음부터

끊임없이 미래를 더 큰 걱정과 함께 채워 넣으리라
생이란 평생 비우고 채우는 일의 과정이다
먹고 사는 일이란
배설과 비움의 짜릿함을 누리기 위한 것 아니랴

로비의 길목에 서서
크고 작은 행렬들이 자신을 스스로 비우기 위하여
식장이 끝났는데도 길게 줄 세워 있다

사계절 소묘

아지랑이가 봄볕에서 고양이처럼 졸고
봄풀이 동산에서
태양의 언어를 전하는 중이다

새들은 공중에서 강물도 없는 자맥질에
가슴을 드러내고
나뭇잎도 연둣빛 새 옷으로 요정이 되어
바람에 향기를 뿌린다

소나기가 한바탕 대지를 애무할 때쯤이면
여름이 저만치 떠내려가고
뙤약볕은 지구를
프라이팬처럼 달구어간다

나뭇잎이 색동저고리로 갈아입고
하염없이 바람들이 외로움을 토해낼 때
산천에 백설이 소복소복 하얗게
꽃이 되어 쌓여 가면
겨울나무 껍질 속에서 누더기 같은
세월을 짊어진
움츠린 벌레들이 떨고 있지만,
사계절의 꿈대로 꽃잎에 우짖는 푸른
상처가 쌓입니다

우리들의 고향

길 잃은 바람 한 줄기,
아코디언처럼 골목들의 주름을 접었다
폈다 하며
빈집 슬레이트 처마의 저녁을 갉아 먹고 있다

텅 빈 고향 읍내에 고사목 둥구나무,
마을 지켜준 수호신은 허물만 남고

연안 부둣가 폐선에 찌든 달빛 사이로
목쉰 무적霧笛소리,
황사 속에서 자욱하다

헝클어진 내 옷깃을
연신 빗질하는 낙엽들

번번한 깃털 하나 없이
수북이 쌓인 내 나이 더미에 드리운 건
쭈글쭈글한 맨살 날개의 그림자뿐

아린 풀벌레 울음소리를 뜯어 먹으며
허허로운 적막의 도깨비가 숨어 있음 직한
무량한 가을밤 속에서

알밤 같은 별똥들만 한없이 툭툭
달아나고 있다

겨울 모기

처서가 오면 입이 비뚤어진다는 모기가
찬바람이 쌩쌩 불어도
힘이 장사다

겁도 없이 달라붙으며 팔뚝을 걷어붙이고
씨름을 하잖다
모기는 암컷만이 피를 좋아한다
수컷은 식물의 수액을 빨아 희열을 느끼면서
살아가는데
처녀 모기가 언뜻 피 맛을 보더니
속옷만 입고 잠든 그곳까지 파고들어
잠결에 들어도
F-16 전투기 발진하는 소리로 돌격한다

눈을 뜨니 이마에 미사일을 발사하고
어디론가 도주해 버린다
새벽까지 단잠을 못 이루게 하는
저놈을, 화가 나서
일어나 불을 켜자 계집 모기가 눈앞에서
군침을 흘리며 숨을 몰아세운다

이 들뜬 세상
한겨울에 모기가 내 집에서 산다
오늘 밤엔 올 것이 왔구나
내 손바닥 안에서 발가락 다 떼어내고
압사하여 영면하거라

신호위반

자동차들이 적색 신호등에 꼼짝없이 갇히고 말았다
장난감처럼 길게 늘어선 형형색색의
차들 사이에
나는 언덕길 2차선 중간 지점에 멈추어 서 있다
차장을 열고 1차선에 멈춘 다른 차들을 바라다본다
흰색 소나타는 연인과 맛있는 대화를 나눠 먹는다
차 속에서 먹는 달콤한 사랑은 꿀맛일지언정
신호위반이다
검은 그랜저의 중년 남자는 아까부터 휴대전화기를 귀에 대고
누군가와 대화를 나누며 화를 내고 있다
그것도 신호위반이다
렉서스 운전석 젊디젊은 남자가 옆 좌석에 앉아 있는
여자의 허벅지를 우람한 손으로 자꾸만 쓰다듬는다
그 두 남녀의 눈이 마주치자 희희낙락거리며 자지러진다
그것도 신호위반이다
시간은 자꾸 흐른다 맨 앞에서 신호대기 중인 검은색
렉스턴이 구름과자를 먹으면서 창밖에 희뿌연
배설물을 내뿜어 대더니
녹색신호가 바뀌기 전에 액셀러레이터를 분별없이 밟아
적색신호를 무시하고 앞으로 질주해 버린다
그것 역시 신호위반이다

수백 개의 눈총이 적색신호의 약속을 저버린
차량의 뒷모습들
강 건너 불구경하듯 바라본다
행방을 모르는 신호위반이다
저 불신을 더듬는 폭주족의 장막을 거두어
영혼의 푸르른 신호등을 만들어가자

억새

눈 시린 청잣빛 하늘
외롭게 흘러가는 높다란 구름
들국화 홀로 소곤대는
들길마다
가을이 살며시 웃고 있다

지리산 바람이 풍경이 되어
내려오다가
억새는 공중으로
산산조각 은빛 손수건 흔들면서
목놓아 울며
광야를 내려다본다

무슨 한이 그리 많았을까
사르락거리는
억새의 목숨이 끊기기 전에
그 자리에서
하늘하늘 전신 풀어 헤치고
바람 따라
어느 세상으로 날아갈는지
모를일이다

풀꽃 한 송이

한적한 길모퉁이에서
새벽을 따라나선
이슬방울에 화장하고
이름 없는 풀꽃으로 피었구나

누가 예쁘다고
말 한마디 건네지 않아도
오가는 이 발길에 차이고 밟힐지라도
미소로 대답하는 너
비가 오는 날에는 비를 맞고
눈이 오는 날은
육모의 하얀 모자를 쓰고
바람 부는 날엔 몸을 흔들며 춤을 추었지

몸을 낮추어 향기를 공중에 날리는
이름 모를 풀꽃이여
여기 척박한 땅에 홀로 외로이
한 송이 꽃으로 피었나니
그래도 넌 나보다 행복에 겨운가 보다

비색翡色의 은유

가을 하늘이 제 마음속으로 깊어지고 있다
풍경은 거친 들녘 무등 태우고
가시덤불과 느티나무 사이, 개울물을
첨벙거리며 간다

비색은 알몸의 환절기이다

아직 여름을 떠나지 못하는 철새들,
그 여울목에서,
드리운 햇빛 줄기들을 흔들어대는
갈꽃들을 젖히며
벽색碧色의 긴 추억 하나가
풀잎처럼 일어선다

쑥부쟁이와 구절초들이 모여 선 강둑의
두둑한 어깨 너머로
먼 산맥이 아슴푸레한 잔기침을 툭툭
내던지는데

몇 날 몇 밤을 울고 난 듯한 푸른 하늘,
그 액체 감도 돌아가는
강줄기 따라 겨울 쪽으로 번진다

비색은 몽유夢遊의 잠이다

가을 하늘은 이미 겨울의 등짝을 올라타며
제 마음속 색깔 깊이 잠든다

부활을 꿈꾸며 유랑을 시작한다

5부

추색秋色의 등 뒤에서

인력소 앞에서

서너 명의 사내들이 담배 연기를 뿜어대며
붉은 구름 아래의 해가 저무는
인력소 앞에서 좌우로 눈동자를 굴리며
이야기를 나누며 서성거린다
하루 일을 마치고 피천을 받아야 하는데 책임자가
부재중인 모양이다
허름한 옷차림에 검붉은 얼굴, 어깨는 땅거미처럼 늘어져
그의 긴
그림자는 삶의 시름이 까맣게 배어 있고 지친 몸으로
눈빛은 잃어버린 귀중품을 찾는 듯
어딘가를 응시하고 있었다

내가 느린 걸음으로 인력소 앞을 지날 때마다
고단한 삶의 냄새와
채 가시지 않은 망치 소리가 연신 들려오는 것처럼
도로에도 외제 차들이
반짝반짝 붕붕거리며 달리고 있었다
어디서 무얼 했는지 옷은 흙구덩이고
한쪽 신발은 찢겨 너덜거린다
신神들이 떨어뜨린 심성 깊은 마음으로
침묵을 주물럭거리며
봄날을 기다리는 것일까

삶의 몸짓으로 다가오는 생의 마감은 강가에도,
다리 위에도, 폐선의
부서진 딱지 위에도 켜켜이 쌓이지만,

이럴 때면 흔히 '인간은 무엇인가'라는 의문을 가지지만 그 확실한 대답은
  잡을 수 없는 허공 속 공기로 떠다니고 인간은 복잡하고 수수께끼 같은
  존재로 물에 비친 뜬구름으로 왔다가 한 줄기 바람으로 사라지는 것일까
  오는 길과 가는 길의 근원은 때론 세속의 권력, 명예, 돈, 사랑을 추구하지만
  결국 보이지 않는 죽음이 살며시 삶을 부숴버린다
  그래도 심장이 퍼붓는 생의 날개는 새로운 새벽을 기다린다

우일雨日소회

비가 온다
오는 비는 올지라도 이슬비만 오면 좋지

아, 너는 꼭 장대비로 내게 온다
넌 칙칙한 구름 속을 벗어나듯 시원하게 떠났던가

우리네 잠을 몰고 떠나는 빗소리 뒤로
내일이 가로등 불빛 따라 골목길 굽이굽이 사라진다

소면 가닥들 같은 빗줄기를 타고 내려온 가을밤은
겨울밤보다 더 깊다
나는 장대 빗소리에 공중 부양되어
그리움의 벼랑 끝으로 끌려가 내던지고
외로움은 부르지 않아도 자기 발로 찾아와
내 안의 빈 벌집 구멍마다
가득가득 제 입김을 채워 넣는다

난 비가 오는 벼랑 끝에 서 있다
품에 남은 건 과거뿐이구나

비가 내린다
비는 올지라도 장대비만 아니면 좋지

어느 해변에서

오늘은 서편에 노을도 터지지 않았다
푸른 어둠만 해변 쪽으로 멍석처럼 펼쳐지고

적막이 내 막막한 상념의 깊이를 휘젓고 있다
아직도 푸른 정맥들 도드라진 내 팔뚝에는
지난날의 갈매기 울음소리들이 홰 틀고 앉아 있는데

파도들이 섬들 사이로 헝클어져 내달린다
나도 언제나 저 파도처럼
아무 길바닥마다 잘도 내달렸는데

멀리 불빛 하나가 깜박이며 바다의 끝자리를
경계하고 있다
나는 난파선처럼 그 불빛 따라 항해하지만
내가 만나는 건 늘 유령선이었다

찢어 휘날리는 그 유령선의 돛폭처럼 흩날리면서
나는 입술에 걸리는 어둠마다 질근질근
씹어 뱉기로 했다

부질없이 나오는 내 쓰디쓴 웃음도
질근질근 씹어 바다에 흘리기로 했다

노을

산과 하늘이 맞닿은 표지석 꼭대기에서
갑자기 섬광이 폭죽처럼 터진다
하늘은 금세 전기에 감전된 듯
불바다가 되고
나는 불구경을 위해 노을에 몸을 적시고
타오르는 불길을 바라본다
거센 불길이 하늘 높이 치솟는다
산도 들도 강도 돌도 나무도
나도 시뻘겋다
허공엔 아무것도 없는데
왜 매일 해가 질 무렵이면 하늘엔 불이 날까
그것은 태양이 인간의 패악함에
분노하여 내뱉는 피눈물이다

가을을 밟으며

가을을 사락사락 밟으며
모악산에 오른다.
청설모 한 마리
솟구친 산등성이 전신에 품어 날고
곱게 물든 단풍과 단풍 사이
시원의 가을빛이 둥지를 튼다

가끔은 나는
머언 산을 바라보고 있다
떠나버린 그녀가 눈시울 아리게
가을 속으로 걸어오고 있다

내장에서 백양으로

단풍은 제풀에 붉어져 온 산을 태운다

내장內臟된 그 뭔가를 찾아 걷는 길은
남몰래 산자락을 돌고 넘어 사라진다

길은 자꾸 숲속으로 기어든다
내장산 안에는 내장된 것이 없다
그것은 내장산 바깥에 있다

아무도 눈 주지 않는 억새들의 뫼길
잔 숨 몰아쉬며 빨려들 듯
가쁘게 돌고 돌아오면
멀리 신선봉이 하늘가로 사라진다

병풍처럼 둘러쳐진 그 품 안의 것은
백양사로 넘어가는 숲속에
내장되어 있다

그 길을 찾아와가는 이들에게만
그 내장된 것이 빤히 보인다

동진강

묵방산 빈 시암에서 새싹처럼 돋아나는 물의 자유,
그 씨앗이 꿈꾸던 하늘 향해 길 떠날 채비를 서두른다
삶은 부단히 앞을 향할 때 삶인 것을
잠시도 쉬지 않고 흐르는 내 흐름 자체 또한 숙명인 것을

긴 여정일수록 빈 몸이어야 하지
앞서려거나 반듯한 길만 찾아 다투지 말고
굽이굽이 뫼길 들길을 기꺼이 돌아갈 줄 알아야 하리

휘어진 강둑에는 쑥부쟁이와 산 개나리꽃도 있어,
강물이 마를 때나 넘칠 때나
우리네가 잊지 못할 혁명을 부단한 전설과 사연들로 엮어
거듭거듭 대대손손 도란거리리

장애란 때론 맞서기도 하면서 좌우로 휘돌기도 하면서
지칠 수도 있겠지. 그러면 몸을 뉘어
물때 묻은 검은 돌부리에 걸터앉기도 하고
또 어떤 동네 도랑물들과도 몸 섞지 않을 수 없으리
계절들 연이어져다 부린 낯선 물건들과도 지분 나누며
서로 어깨를 부딪쳤다가도 다시 서로 부둥켜안으리
어느 강물인들 휘어지고 부서지며 돌에 채이지 않았으랴

강어귀 돌아든 서늘한 바람이
몸 무거워진 강에서 숱한 열매와 생명을 받아낸다

아, 시방 새들과 바람들이 줄곧 전해주던 그곳,
평원과 파도가 한 몸이 되는 곳, 그 새만금과 황해가
몸 푸는 강의 육신을 미래처럼 맞이한다

구두

 선물로 받은 티켓에 몇만 원을 더 얹어 구두 한 켤레를 샀다
 콧등이 준수하고 몸통이 쭉 빠진 유명 상표의 구두.
 긴 외출이나 주요 행사장에 갈 때면 나를 꽤 돋보이게 해주었지
 눈이 오나 비가 와도 내 가장 낮은 신체 부위와 생사를 같이하기로 한 넌 흙탕물 뒤집어쓰거나 시골 뒷간에서도 또는 술꾼이 게워놓은 골목길 오물을 밟고도 나의 분신이기를 거절 한번 한 적 없었지
 눈길에서 끝 날을 세워 내 힘 떨어진 하체를 지켜주고 현해탄 건너 섬나라까지 두말없이 내 수발을 들던 너의 수고를 내 어찌 잊으며 너와의 인연을 어찌 하찮게 여기리 그러던 어느 날 조금씩 주름 늘고 그 주름이 트기 시작하던 넌 어느 날 계단에서 옆구리 한쪽 살점이 끝내 떨어져 나갔지 상처 난 몸통을 검은 비닐봉지에 넣어 응급실로 급송하여 우측 골반 뼈를 수술해주니 다시 새 구두가 되어, 내 얼굴도 손목도 아닌 내 발목을 꼬옥 껴안아 주곤 하였지. 한번은 좌측 골반이 탈골하여 또 수술받고 퇴원하던 날, 의사는 웃으면서 대장과 소장의 연결 부위가 닳아 몇 달 못 가서 하직한다는구나

돈 몇 푼에 내게 팔려 와 오롯이 내 발만을 섬기던 네가 스며드는 빗물을 막기에는 역부족이던 날, 나는 널 새 쓰레기봉투 속에 고이 넣어 장례를 치러주었지. 잊지 말라 환경미화원의 손에 이끌려 나락奈落으로 갈 오늘 새벽, 그 나락은 네가 누릴 열락悅樂의 경지인 것을….

풀꽃 피우기 1

세상 모든 것은 길가에 홀로 핀
풀꽃 같은 것

사람도 짐승도 새도 나무도
하늘에는 해 달 별들도
심지어 도시 건물들도 홀로 사는 것

때론 삶이 매콤해 눈물이 나고
떡갈나무 울타리에서 벗어나고 싶지만
누구 하나 도와줄 사람 없는 외톨이
우리는 풀꽃처럼
먼 곳의 존재요, 뜻대로 되지 않는 것

삶은 오늘도
열정이 가득 찬 한 편의 시였음을

돈을 사야 하면 노동을 팔아야 하고
노동을 사야 하면 돈을 팔아야 한다
돈과 노동은 한 세트

오늘도 천 길 절벽 어둠길을 걸으며
시든 나뭇잎 떨어지는 울음소리

나목으로 서 있는 옆자리에서
홀연히 풀꽃처럼
영혼의 아픔들이 핀다

풀꽃 피우기 2

흐린 불빛이 밤 한쪽을 갉아 먹는 시간
지독한 정적이 내 주변을 에워싸고
풀꽃은 두 가지 생각의 줄에 걸터앉아
두 갈림길에서 서성거린 채
마음의 저울을 어느 쪽으로 기울지 몰라

어스름한 달그림자 토방 위에 아련한
검은 무늬를 수놓고
몸은 향기 짙은 현재에 머물지만
생각은 과거에 갇혀 헤어나질 못한다
아직 시간도 기억도
멀리 떨어진 과거도 뚜렷한데
삶이 묻는 질문들, 그 해답은 각자 다르듯이
운명도 인생도 다르다는 것을

삶이란
물가시 풀에 찔리고 돌부리에
허리 꺾이어
숱한 곡절을 겪으며 유장하게 흐르는 강물이다
그렇지만
새벽 먼동이 터 오르고
푸른 바람이 새 빛을 몰고 올 때

희망의 씨앗이 터지며 열매 맺는
눈부신 소리
별빛으로 우수수 떨어질 것이다

가슴의 달빛으로

가을바람이 마른 잎을 쓸어 모은다
어둠의 깊이는 알 수 없으나
나는 외로움과 적막의 모퉁이에서
천 길 만 길 절벽을 구르며 지나가는데
허기진 그리움마저 눈물겹다
깊은 이별이란
병든 나뭇잎으로 떨어지듯 쓸쓸하구나
이제 가슴에 남아 있는
내 그리움 하나
아픈 문신으로 새긴 채 벤치에 앉아
떠가는 흰 구름이
사랑하는 사람의 얼굴이다
그리고 그녀 이름을 가만히 되새겨본다

명상

어둠을 베고 깊은 밤 자리에 누워
슬픈 독백으로부터
희미해지는 눈을 감아 본다

불면은 엿가락처럼 비틀비틀 휘어져 가고
혼란스러운 생각들을 모아
이것이냐 저것이냐 진실만을 흥정하고 있다

비가 내리거나 바람이 진풍震風한 날들이면
마음을 잃어버린 미아가 되어
종일 길섶마저 잃고 사방을 배회하는데
오늘인가 내일인가
불확실한 삶을 안고 행복을 찾아가는 중이다

결국 마지막 죽음의 길을 외면할 수는 없다
인생의 희로애락은 모두 허깨비다
애증이 있는 모든 것은 물거품과
탯줄 없는 맑은 이슬이다
하늘 아래 존재는 꿈夢이며 환幻이다

피리 소리 낭자하던 나의 인생아!
오늘도 별일 없이 잘 지내고 있더냐?

징검다리 세월을 건너가는 우리의 모습처럼
문틈 사이를 비집고 울타리를 뛰어넘는
흰 망아지 생의 춤사위다

목련

햇살이 허공의 빈 둥지에서 오는
이른 봄이다

흰 왕관을 눌러쓰고
입 맞추고 가는 나비 떼다

동화 같은 순수한 학처럼
제 몸 한가히
이뤄야 할 사랑만을 꿈꾸는
삼월의 신부

바람 앞에 낙화하는 선녀들이다
어느 날
행인 한 사람 지나가다
엉덩이 내밀 듯 넘실거리는
속살에 깔깔거려
고개를 젖히며 난리 났네

부끄러움도 잊은 채
이슬 더미에 한눈팔지 않는
너는
하늘에서 봄 구름 타고 새하얗게
내려오는 백의의 신부

목련 2

봄을 위하여
첫울음이 흰 그리움이네

수줍은 미소를 활짝 피우더니
봄이 갈 때까지
순결한 꿈을 마음껏 내보이네

목련이여
그늘 밭에서 인연을 베푸는걸
내 꿈에서도 보았다

그리고
어느 골목에서 봄을 입고 서 있는
너처럼
나도 봄을 걸쳐 입고 싶다

목련 3

눈 부신 햇살 가슴에 안고
수줍은 듯 미소 지으며
화려한 낭만을 뽐내
부러움이 가득 찬 모습이다

혹한 추위를 견디면서
이파리들 피어오르기 전에
물오른 봄을 알리려고
너 혼자 피어
부끄러운 줄 모르는구나

하얀 꽃잎의 순결한 빛살에서
구름처럼 꿈이 흐르고
천상에서 내려왔을
꽃봉오리
밤이면 별이 되어 반짝이는데

이루지 못할 그 많은 사랑
늘 그렇게 간직한 채….

추색秋色의 등 뒤에서

저물녘 약간 들쳐진 처마에
추색이 가득하다
간간이 비바람 이는듯하다가
풀벌레 소리마저 어디론가
행방을 감추고
나는 이제 뒤뜰의 옹색한 풀밭에서
검은 옷을 걸친 한 마리 벌레

새벽이 스스로 탈피한다
허물을 벗으며 제 속을 보인다
가장 깊숙한 그 속에서
어둠이 아주 가시는 것은 아니다
그 어스름 속에 웅크린
아침의 어리디어린 내 알몸이
흠뻑 젖어 있다

어느 구름에 비가 들어 있는지
누가 알랴?
황망한 가을의 등 뒤에는
바람으로 숨겨진 내 영혼이
꽃잎처럼 흩날리고 있다

6부

그리움은 시가 되고

그리움

고요한 사색의 바다에서
홀로 생각에 들면
그 여정의 끝이 그리움일까

마음속에 저며오는 영혼의
날개를 타고
사랑의 불씨 지피고 있는 것일까
부슬거리는 빗소리가
묵묵히
이 밤 누군가 노크를 하듯
창문을 두들긴다

인생이란 기다림 속에서
먼 과거를 품에 껴안으며
꿈속마다 가득
그리움이 된다는 것을

내 가슴속에 뿌려지는 짙은
이 그리움이 자라나
눈물을 참는 심장의 두근거림이
나를 억누르고 있네

그리움 2

내 인생에도 보슬비는
하염없이 내린다

아침이 오고
다시 저녁이 된다

만물은 모두 홀로 서 있고
걸어가야 한다

우수에 젖은 나
그 무언가
심연에서 끓어오르는
천둥소리 들리면
벙어리 냉가슴에 야밤이 우는
그리움이다

해의 살점들이 구름 위를 거닌다

그리움 3

긴 세월 고요 속에 내가
잠긴 밤이다

자꾸만 창문 밖 허공으로
밀려갔다 밀려오는
투정 섞인 그리움이다

어쩌다가 그대가 있음으로
나의 벗이 되었다

그리움 4

어둠이 소리 없이 내 마음을
노크할 때면
내 유년 시절이 환상으로 피어오른다
봄날에는
논밭에 흐드러지게 자운영꽃 피고
다시 오는 여름이면
미루나무 끝에 목이 쉬도록 우는
넋두리하는 매미 소리

그러다 어느새 내 마음은
방죽에서 멱 감고 놀고 있는
옛 친구에게 달려간다

수숫대 꺾어 기차 놀이한 어느 가을날
초등학교 운동장
귀퉁이에서
검정 교복 무릎 해진 옷 걸쳐 입은 채
딱지치기했던 옛 친구
지금은
하늘의 별이 된
그 친구가 보고 싶다

눈 오는 겨울밤이었다
개구쟁이 친구들과 어울려
발정 난 수캐처럼 거리를 쏘다니며
뉘 집 문간에 눈을 뭉쳐 던지고
가슴 졸인 그때 그 소년들
행복한 미소가 강물처럼 흐르고

고향 집 툇마루에서
밤하늘을 바라보면서 서로가
별꽃을 찾아보기도 했다
친구 별인지 별 하나가 처마 끝에
걸려 있다
내 귀에 조용히 소곤댄다
그 시절 그때가 자주 그립지?

인생아, 너는

희비애락이 피고 지는
세상에서
부귀영화, 권세를 누렸었다
그렇지만
생의 고해 바다에 떠다니는
나였기에
행복은 한 줄기 바람이 되었다

가는 삶을 끌어안고
화려한 밤을 불살라 보았지만
언제나
허무한 마음은 비내리는
밤이었다

그늘지는 세월을 짊어졌던
나는
한 점 먹구름을 삼켜버렸고
나그네로 떠돌아다니는
밑바닥 세상살이었다
이제
회색빛 너머 삶의 도구만이
외로이 남아 있을뿐이다

인생아,
자꾸 어디로 떠나가느냐

사랑의 밀어

달빛이 창문을 밀치며 들어옵니다
떨리는 그런 사랑이었다면
행복할 것입니다

강변에 혼자 서있는 것처럼
새벽 공기 마시면서
사랑하는 그대 이름을
넌지시 불러 봅니다
아니면,
대답 없이 찬바람만 다가와서
내 붉은
입술만을 더듬습니다

사랑은 봄, 여름, 가을
그리고 겨울의 부활이기에
그리워 한만큼
그대의 눈동자에 그렇게 새겨진
사랑의 밀어들이고요
꽃과 나비, 구름을 타고 오르는
그날을 꼭 기억하면서
쏟아지는 눈물로
내 사랑 그대를 만나고 싶습니다

산나리꽃

뜨거운 햇살을 섞어 화장하고
살포시 고개를 내미는
긴 속눈썹과 붉은 입술로
소중한 사랑을 기다리자

쪽빛 머리 연분홍 치마저고리
얼굴은 죽은 깨가 덕지덕지
속살 보일 듯 말 듯

산비탈 바위틈에 홀로 숨어
바람이 밟고 가는 풀잎 소리에도
가슴 설레듯

때로는 오가는 사람에게 손 흔드는
장미보다 곱고
양귀비보다 의연한 너는
열정을 삼켜 상처받을 수 없는
평생 슬픔을 모르는 인자한 모습이리라

유년의 기억

먼 옛날, 유년의 기억 한 조각이
깊은 밤 내 뇌리로 흘러든다

집 앞에는 느티나무가 일렬 횡대로 자랐다
어느 봄날이던가
교통정리 없는 물고기들이 제 갈 길을 찾아
물속을 자유롭게 유영하고 어머니는
냇가 돌다리에 서서
사자가 사슴의 목덜미를 물고 늘어지는 것처럼
내 목을 잡아 끌어당기면서
얼굴과 목을 두 손으로 마구 문질렀다
아픔을 참지 못해 가슴 찢어지는 소리를 지르며
도망치려는데
결국 저항할 수는 없었다
그렇게 한참을 내 얼굴 진 때를 벗겨내더니
어머니는 다시 보듬고 머리를 물에
적시며 머리를 감기었다
그때 느티나무 끝에
내 모습을 훔쳐보며 까치가 한마디 까악- 까가각
중얼거렸던 기억이 또렷하다

내일이면 잊힐 것이야.
어쨌거나 가물가물한 옛일이다

이 밤, 아릿한 유년의 기억들이 새롭다
내 마음에다 그만큼 푸릇하게
유년의 움을 틔워본다

사랑은

사랑은 그 무엇보다 명시처럼 온다고 했던가
그리움이 뚝뚝 떨어져 햇살처럼 펼쳐지는
어느 가을날
노랑 줄무늬 화사한 원피스를 입은
그이와 난 손을 꼭 잡으며
한적한 가을 강둑을 걷고 있었다

강물 속에 빠진 하늘은 우물처럼 깊었다
우리 사랑은 흰 구름으로 떠다니는데
그의 손에서 묘한 감정이 난다
하나의 작은 별을 만지면서
내 손바닥에도 사랑의 땀방울이 솟는다

끈적거리는 두 손이 지남철처럼 얼어붙었다
전율이 찌릿찌릿 심장으로 흐른다

잠시 침묵이 흐르는 시간에
그녀의 숨소리는 기타, 내 숨소리는 하모니카
네 박자 뽕짝이다
그날 밤
우리의 심장은 변명 없는 하나가 되었다
이렇게 봄여름이 가고

또다시 가을이 성큼 비명을 지르며 왔지만
실바람처럼 떠나간 그녀는 돌아올 줄 몰랐다

그와 걸었던 가을 강둑에서
가끔은
마지막 쿵쾅거리는 심장 소리를 들으며
주저앉은 내 마음을 쓸어내린다

밤夜

하루해가 밀려 내려오리라
땅거미가 몰려와 어둠을 짙게 덧칠을 한다

들떠 있던 세상은 이내 숨죽인 채
세세한 사건들과 섞인 시련의 소리들
내 침대 위에서 호젓이 잠들다

어둠의 적요寂寥는 예술처럼 색깔을 만들며
적요는 어둠을 예술처럼 살라먹고
무늬를 만드는 찰나이다

달과 별은 어둠을 입고서야 빛을 내어주며
달은 겁 없이 수십억 개 살빛을 비춘다

우리는 매일 밤 무엇을 위해 몸져누워 있나
다음날 해가 눈을 비집고 산 위로 뜨면
또 다른 이야기를 위해 다시 일어나야 한다
무신론자도 밤이면 별신을 믿는다

생각이 깃털처럼 가슴팍에 묻히는 밤
그 영원한 정적 속에서
내 마음에 비어있는 삶의 한 페이지를

채워 놓으며
어둠의 이불 한 장을 펴 코끝에 닿으면
노릇노릇 익어가듯 조금씩 향기 잃은
외로움을 덮는다

애연愛煙의 변

어설픈 식사 한 끼 후
쭈~욱 빨아들이는 불과자의 훈향

내뱉는 세상의 앞길로 버섯구름이 피어나며
하얀 연기가 곡선을 그리며
푸른 하늘로 올라간다

마누라 없인 살아도
너 없인 못 사는 골목길의 굽이에서
인적 끊긴 행길까지

기쁠 때나 슬플 때도
너는 변함없는 나의 친구다

내 폐에 검은 니코틴을 점점이 미장질해 주었지
아주 그렇게

제 한 몸 아낌없이 불살라
세상 모든 괴롬 시름들
가뿐히 허공으로 살라 대속代贖해주는
너의 거룩한 생을 내 어찌 잊으랴!

겨울밤의 사색

세상 속에 세월이 몽글몽글 떠다니고 있다
운명의 질량을 넘어선 여러 해 동안이나
기억하지 못한 내 인생도 흐른다

서로 멀어지는 가을과 겨울 교대식을 마친 상태다
들녘과 산하를 뒷걸음치며 물들이던
가을 잔해들 자취를 끝내 감춘다

해가 움츠린 채 겨울바람이
처마 끝 고드름으로 매달려 눈물을 흘린다
동화처럼 단풍 드는 대나무 숲에
저물녘마다 푹푹 발이 빠지는 눈을 피해
철새들이 떼지어 날아든다

나를 사랑해주지 않는 회한이 반쯤 묻혀
말갛게 스쳐 간 추억들
내 맘 깊이 흐르는 강가에 서성거리는
사색
건너지 못해 겨울밤 한자리만을 맴돌고 있다

아파트

하루해가 파란 바다에 빠지고 창문마다
불이 켜진다
퇴근하는 가장들이 하나둘 이름 모를
물건들을 가득히 들고
시멘트벽 사이 입구로 들어가기를 반복한다

5층과 6층 사람들의 밥그릇 부딪히는 소리
어린아이 징징대는 소리, TV 연속극 소리,
여러 말소리가 엉망으로 겹쳐지는데
소나기처럼 아프게 쏟아지는 소리가
마치 독감 걸린 개구리들의 합창 같았다

아파트 네모난 틀 안의 공간에는
벽과 벽 사이 한 건물에서
오랫동안 여러 사람이 거주하며 살지만
정서적 둘레라든가 얼굴을 마주쳤던
순간들의 관계는 기쁨으로 이어질 수 없다

1층과 2층, 3층과 4층, 20층까지
사람이 사람 위에 허공을 초월해 포개져
꿀잠을 자며 숙면을 해도
서로 남남인 채 영혼의 다른 꿈을 꾼다

칸막이 속에 갇힌 혀 빠진 들짐승처럼
밤이 되자 때론
피 터지게 부부싸움 하는 괴성이
천장 철근 벽을 타고 내 귓가로
새어들고
위층 화장실에서 흘려보낸 변죽 소리
짜릿한 부유물도 함께 쏟아지기도 한다

누군가는 잠 못 이룬 하이에나처럼
비어있는 발코니에 나와
허공에 버섯구름을 내뿜는 훈향燻香
층간 소음으로 다투다가도
이내 칼부림까지 이어지기도 한다

오늘도 아파트가 목쉬도록 울부짖는다
거대한 콘크리트 안에 갇힌
그만큼의 여유가 없는 사람들
까닭 모를 목청으로 그렁그렁 세상 흔드는 소리

슬픔의 무게

2023년 3월 25일 오전 10시 37분
네 야윈 몸에서 영혼이 빠져나갈 때
슬픔의 강둑이 무너져 내렸다

네가 잠들어 있는 영안실 문을 열고 들어서니
얼굴은 피멍이 들어 일그러져 있고
그 비참한 몰골 차마 눈 뜨고 볼 수가 없었다

평생 술 없이는 살지 못한 너
복수가 차서 배가 불렀어도
네 위는 항시 술의 바다로 출렁거렸고
강이 범람하듯 너는 술에 취하면
주벽酒癖의 나팔 소리가 요란했었지
그리고 시도 때도 없이 내게 전화를 해댔지

형, 통장으로 돈 1억이 들어갈 거라면서
지금 입금해 준다고 참말 같은
거짓말을 밥 먹듯 하고
설마 하면서도 두근거리는 가슴을 쥐어짜며
계좌 조회를 해 보면
네 말은 빈 깡통 소리 비어있는
빈 황금 돌이었다

술은 죄가 없지만
네 입과 행동은 모두 유죄가 되었다

너는 항상
일확천금을 꿈꿨었지
이 세상에는 돈만이 사무친 한을 풀어주고
비난으로부터 잠재울 것이라고
그래서 넌 끝끝내 성공하여 리무진을 타고 온다고
입버릇처럼 떠들었지

그러나 넌 흥청망청 허세처럼 세월을 부리며
53년이란 짧은 생을 마감해야 하는
……………………………

삶을 부르는 슬픔을 항상 닦던 육신이었기에
900도 열 가마에 불살라지는
너의 반짝이는 흰 뼛가루…
인천 연안부두 차가운 바닷물에 맴돌다가
정박하는 배가 되게 해 달라고

아득한 길 우주 열차를 타고 떠난 지
그리고 민들레 홀씨로 날아간 2년째

네가 무조건 살아 있을 때
한 구석진 곳을 열 듯 나를 스승처럼 잘 따랐다
이제 볼 수도 만날 수도 없구나
간혹 네 모습이 영영 그리울 때도 있었다
꿈에라도 한 번만 품에 얼싸 안아보자

이제라도
입 꼭 다문 내 그리운 동생아
부디 고통 없이 헤아릴 수 없는 별과
끝없는 하늘에서
소중했던 네 꿈을 맘껏 펼쳐다오
눈물과 슬픔은 처음처럼 유통기한이 없으니까

이장移葬

가파른 산기슭 덤불 속 칙칙한 땅에
5대조 조상님들께서
일렬종대로 자연을 사랑하시며 누워 계신다.
수십 년간 외진 산골에서 마음을 닫으시고
얼마나 외롭고 답답했을까?
이제 조상님들을 편히 모시고자
나뭇잎 하나라도 펄럭이는
자손들의 집 가까운 곳으로 모셔갈 참이다

파묘를 하기 전에 술과 포해를 올리고
절을 하고 제사 축문을 낭독했다

계묘년 4월 16일
여기 삶의 촛불을 켜고 무릎 꿇어앉은 자손들
삼가 조상님과 부모님께 고하나이다
이곳에 장례를 지낸 지 오래되어 체백體魄이
편안하지 못할까 염려되어
오늘
다른 곳으로 모시고자
삼가 비오니 존령尊靈께서는
두려워하거나 놀라지 마시기 바랍니다

그 촛불이 가라앉으니
포크레인으로 흙을 파내자 잠들어 계시던
조상님들의
얼굴들이 하나둘 내일이면 잊혀질 이승의
햇빛을 받고 환하게 웃는다
망각에서 깨어났을지도 모를 유골을 수습하여
흙에 찍힌 발자취를 조심조심 박스에 넣어
평생 살아갈 유택으로 가져왔다

조상님의 유골을
집 가까운 양지바른 곳으로 모시는 날
하늘도 슬펐는지 이리저리 눈물을 흘리었다

부서진 나의 가슴을 주워 모아 기도드리며
한 많은 우리 어머니 아버지
할머니 할아버지 여기 묻히셨다
일생을 어엿이 살다 가신
어머니, 아버지, 조상님들이시여!

목메게 불러보고 싶습니다

여기 산세 수려한 양지바른 곳에 모시오니
이승에서 못다 한 꿈 저승에서 편안히 이루시고
부디 극락왕생 하옵소서
한 장 살아 있는 이파리처럼 여러 자손들
바르게 다스려주시고
날마다 축복된 날 되게끔 보살펴 주소서!

| 평설 |

인문학을 생활로 구현한 작가의 삶

– 靑林, 신영규 세파世波를 펜으로 헤쳐 나가다!

이동희(시인·문학박사)

1. 靑林, 인문학의 삶을 살다

청림 시인은 어디서나 볼 수 있다. 이때 어디서는 크고 작은 문학 행사나, 지역 언론사가 제공하는 여러 지면을 뜻한다. 그런데 그는 전면에 나서기보다는 항상 뒷자리에서 행사를 전체적으로 관망하는 관찰자의 모습으로 비친다. 그러면서 필자는 그럴 때 그의 자세를 매의 눈초리라고 여기곤 했다. 문학 행사의 주인공이 되기보다는 한 발짝 물러서서 그 흐름을 챙겨두면서, 문학이, 문학인들이, 혹은 문학 행사가 담아내야 할 요소들이 제대로 작동하고 있는가를 관찰하는 것으로 비쳤다.

왜냐하면 청림이 문청시절에 필자가 펼치는 문예 강단에도 출입하곤 했는데 그때도 마찬가지였다. 강의를 듣는 것 같기도 하고, 어느 때는 무단결석하는가 보다고 여길라치면 어느 샌가 맨 뒷자리에서 강의 내용을 매의 눈초리로 검색하는 것으로 느꼈기 때문이다. 또 있다. 그가 참석했던 문학 행사가 끝나고 나면 어쩌다 통화를 하거나, 혹은 메시지라도 주고받을라치면 어김없이 비판적 관전평을 빠뜨리지 않곤 하였다. 그의 평가를 듣고 있노라면, 그가 매의 눈초리를 지녔음을 인정하지 않을 수 없는 경우가 적지 않았다.

 청림은 지역 신문사의 단골 칼럼니스트다. 그의 칼럼은 지역 언론이라는 한계 넘어 만약 중앙, 소위 레거시 언론에 게재됐더라면 일대 풍파를 일으킬 만한 주제를 담아내곤 하였다. 정치적 견해도 매우 진보적이었으며, 개혁의 선두 주자처럼 비치곤 하였다. 그렇대서 그가 정치 지향적인 성향을 지닌 것으로 보이지는 않았다. 오로지 정의를 지향하며 참여하는 시민이라면 피해갈 수 없는 비판적 안목이 주류를 이루었다. 이런 그의 사회적 관점과 실적들은 그가 저술한 다섯 권의 칼럼집에 고스란히 담겨 있다.

 여기에 청림은 문학을 주업으로 하는 지성인으로서 항상 '문학정신'이라는 의식의 고갱이를 잠시도 놓지 않는 것으로 보인다. 그가 밑도 없이 툭툭 던지는 언사를 곰곰 되작여 보면, 사회 각 분야에 도사리고 있는 부조리와 정치적 모순에 대한 단말마적 외침 아닌 것이 없다. 할 수만 있다면 육두문자라도 내뱉고 싶지만, 많이 참는다는 듯이 한두 마디씩 던지곤 한다. 구어로 하자니 짧겠지만, 그의 칼럼을 읽노라면 그때 했던 단말마의 외침이 바로 이런 맥락으로 이어지거나 구체화 되기 위한 선제 작업이었음을 짐작하곤 한다. 이 역시 그가 보내준 책을 읽으면서 공감한 대목이다.

청림은 수필가다. 지금까지 두 권의 수필집과 다섯 권의 칼럼집을 펴냈다. 수필의 소재들도 사회적인 문제들을 서정적으로 풀어내는 작품들도 적지 않지만, 반드시 그런 것만은 아니다. '청림에게 이런 면목이 있었던가?' 의아할 정도로 풍부한 감성의 서정성 짙은 작품이 주류를 이룬다. 이런 감성을 지녔기에 청림은 수필 문학에 대한 애정이 큰 것으로 보였다. 그는 크고 작은 수필 문학 동아리의 실무를 담당하기도 하였으며, 마침내 그런 수필 문학단체들의 책임자가 되기도 하는 등, 수필 문학 작가로서의 성장 과정이 그의 문학 인생의 단면을 이룬다. 수필 문학계에서 주는 여러 수상 경력은 청림이 간직한 수필 문학에 대한 애정과 그가 남긴 작품들로 보아 당연하다 할 것이다.

그러더니 마침내 시문학에 이르렀다. 누구는 '수제비 뜨는 사람이 칼국수 못하랴!' 하겠지만, 반드시 그런 것만은 아니다. 산문정신을 바탕으로 서사와 서정이 맞물려 풀어져야 하는 수필 문학과 정서의 형상화에 의지할 수밖에 없는 시문학은 조금 다른 결을 지니고 있다. 그럼에도 청림이 그동안 틈틈이 시를 써왔고, 마침내 그의 시 작업이 시집 한 권에 이를 만큼 수량이 넉넉해졌다는 것이다. 이는 필연적으로 그가 수행해 왔던 칼럼니스트의 자질이나, 수필작가의 성향에 서정성이 농후하게 잠재해 있음을 짐작하게 한 결과로 보인다.

이런 그의 자질은 그의 삶이 인문학의 언저리를 벗어나지 않음으로써 가능했을 것이다. 평생을 신문사에 칼럼을 기고하고, 생활의 대부분을 수필 문학의 살림꾼으로 살아온 것들

평설 **159**

의 내면에 도사리고 있었을 서정성의 고갱이가 마침내 시적 정서로 승화된 것으로 보인다.

그러므로 그의 삶은 필자가 지켜보아 온 내력으로 본다면 '인문학을 생활로 구현한 작가'라고 규정한다 할지라도 조금도 손색이 없을 것이다. 오로지 펜으로 불의를 질타하던 정신이 어디에서 나왔겠는가? 수필 문학을 통해서 생활의 잔잔한 일상에 이야기를 입혀온 정성이 어디로 갔겠는가? 그 정신과 정성의 바탕에는 문학성을 이루는 서정이 오롯이 자리하고 있었을 것임을 그의 저작들이 말해주는 듯하다. 세상의 모진 풍파를 오로지 인문학에서 비롯하는 붓 하나로 헤쳐 나온 삶이었음을 가늠할 수 있겠다.

2. 靑林, 곧은 정신으로 섬세한 서정抒情을 피우다

청림이 남긴 기왕의 저술들에 드러난 서정은 어찌 보면 강직하고, 다른 면으로 보면 또한 온유하다. 그런데 다음 시를 감상하노라면 섬세한 서정성이 그의 속내였음을 짐작하게 한다. 하긴 외강내유外剛內柔한 사람이 외유내강外柔內剛하지 말란 법은 없다. 아니 겉으로 강한 사람일수록 내면에는 한없이 부드럽고 따뜻한 봄바람이 불기 마련이다. 또는 겉으로 부드러운 사람일지라도 안으로는 한없이 강직한 기개가 잠겨 있기 마련이다.

그의 다음 작품은 그의 겉과 안을 들여다 볼 수 있는 단서가 될 만하다.

밤하늘에 별빛이 어둠을 뚫고
내 마음속에서 그리움으로 반짝거린다

동구나무 사이로 별 하나가 비틀거리는 은빛이다

별빛은 털끝 하나 걸치지 않고
빈 나룻배를 기다리며 강가에 서 있다
밤마다 젖어 우는 것들
보드라운 슬픔이 아니라 먼 밤으로부터
저 길고도 무서웠던 길이었을까

굳은 피부를 펼치고 어두운 휴일을 즐긴다
수만 개의 별들 방금 맑게 씻어 어둠에 뿌려놓고
오두막을 지난 삶의 절벽 끝에서
나는 만상으로 서 있는 저 빛들을 간직하고 싶다

거친 바다도 보인다
늙은 고양이가 어슬렁거리는 들녘이 보인다
푸른 잔디밭에서 웃는 도둑처럼
늦가을이 보인다

파문이 넘실대는 새벽 수평선 박히지 못한 못 자국처럼
작별이 쌓이는데
나는 낯선 새별을 헤아리며
그리움의 걸음을 붙들고 그 너머를 서성거리고 있다
　　　　　　　　　　　　　－신영규 「별의 산책」 전문

이 시는 그의 첫 시집을 여는 작품이다. 모두 한결같은 것은 아니지만, 대개 시집을 편집할 때면 첫 작품을 신중하게 고른다. 필자도 그런 버릇을 간직하고 있다. 독자들이 시집을 펴서 처음 대하는 작품이니, 신중에 신중을 기한다고 해서 나쁠 것은 없다. 그래서 첫 작품은 인물의 첫인상처럼, 시집 전체의 인상을 좌우할 수 있으며, 다른 작품을 감상하는데 잔영으로 남을 수 있다. 그래서 시인은 시집의 첫 작품에 비중을 두고, 독자는 첫 작품에 비중을 두어 감상하게 된다.

이 작품 역시 그런 기왕의 효과를 짐작하게 하는 요소가 있는 것으로 보인다.

청림 시인이 그동안 보여 온 인문학적 삶의 총합적 서정을 알 수 있다. 다양한 시적 진술에 담겨 있는 시적 정서의 포인트는 다음과 같이 몇 가지로 분류할 수 있다.

첫째, 그리움의 정서가 이 작품의 주류다. 그리움의 대상이 무엇일까? 1연에서 그리움으로 시적 정서의 발동을 걸더니, 끝 연에도 그리움으로 마무리한다. 보통 사람들이 그리움이라고 할 때는 어떤 정서적 대상에 대한 결핍이 불러오는 애타는 심정의 발로이기 십상이다. 이를테면 보고 싶은데 볼 수 없다든지, 함께 하고 싶은데 떨어져 있다든지, 막연히 좋아하는데 이룰 수 없을 때, 그리움이 발동한다.

청림의 정서 역시 여기에서 멀지 않은 것으로 보인다. 그렇지만 조금은 결을 달리하면서 그리움의 정서를 형상화해 낸다. 한 편의 시에서 첫 행, 첫 연은 그냥 쓰이지 않는다. 작품 전체를 관통하는 힘을 지니기 마련이다. "밤하늘에 별빛이 어둠을 뚫고" 반짝거리는 그리움이란, 이어지는 시적 진술의 뒷받침을 통해서 그 실체가 형상화될 것이다. 다만, 어떤 대상에 대한 애타는 마음으로서의 그리움이 인적 대상에 대한 갈애渴愛를 포함해서 좀 더 폭과 깊이를 지니고 있는 것으로 보인다.

이어지는 2연의 진술이 이를 뒷받침한다. "동구나무 사이로 별 하나가 비틀거리는 은빛"이라고 했다. 그리움의 대상이자 실체에 대한 어렴풋한 상황이 제시된 셈이다. 누군가를 기다리는 정서적 소재로 등장하는 '동구나무', '비틀거리는 별 하나' 그리고 그 별이 곧 '은빛'이란 진술에서 우리는 집 떠난 피붙이를 애타게 기다리는 노년의 어떤 정경을 쉽게 떠올릴 수 있을 것이다.

이런 시적 정서와 함께 3연에 이르면 확장된 시적 정서를 제시한다. '비틀거리는 별(빛)'이 돌아와야 할 길에 대한 상상의 세계를 그려낸다. 그 핵심은 '젖어 우는 것들'이다. '빈 나룻배' '기다리는 강가' '먼 밤으로부터' '저 길고도 무서웠던 길'들이라는 유의적喩義的 이미지들로 구축하고자 하는 본의本義 역시 그리움이며, 시적 대상이 겪을 수밖에 없는 귀환의 길에 대한 역경을 심미적으로 유추하기에 충분한 정서를 제공한다.

비극적 삶에 대한 동정과 위로를 통해서, 닿을 수 없으나 포기할 수 없는 간절함으로, 그리고 두렵고 먼 길이라는 절망적 상황에서도 중단할 수 없는 정서로 그리움의 대상을 향한다. 시는 언제나 가진 것을 더 가지기 위해 싸우기보다는, 가진 것을 덜어내면서도 가져야 할 것을 지키기 위해 함께 울기를 마다하지 않는 정서일 뿐이다. 청림의 시적 정서도 이런 흐름과 상통하는 것으로 보인다.

4연에 이르러서 시적 자아가 그려내고자 하는 주된 정서를 펼친다. 그가 처한 상황은 "오두막을 지난 삶의 절벽 끝"이고, 그럼에도 불구하고 시적 자아가 지향하고자 하는 세계는 "만상으로 서 있는 저 빛들을 간직하고 싶다"는 것이다. 왜 그렇지 않겠는가? 시인은 고금동서를 막론하고, 언제 어디서나 무관의 제왕이고, 시문학은 쓸모없음의 쓸모를 간직하고 있는 유일한 심미적 장르가 아니던가! 청림 역시 가진 것은 오직 '오두막' 한 채고, 처한 상황은 '절벽 끝'이지만, 끝내 '저 빛'-1연에서 제시한 그리움과 2연에서 구체화한 '은빛'이라는 이미지를 지켜내려 한다.

5연에서 보여주는 이미지들은 사뭇 시간적 이미지를 연상시키면서 그만이 보여줄 수 있는 독특한 심미적 효과를 불러일으킨다. 시는 언제나 보통[일반성]의 정서를 특별한[개성적] 표현으로 그려내는 리듬이다. 시에서 거창한 의미를 얻고자 하거나, 시에서 지면을 꿰뚫는 정신의 에스프리[esprit: 생각하고 판단하는 능력]를 건지려 하는 것은 과욕이다. 그런 시가 없는 것은 아니겠지만, 모든 시들이 그렇지는 않다. 오히려 깊은 사유를 신선한 언어의 두레박으로 길어 올리는 샘물에 더 큰 감동을 전해주는 게 바로 시다.

그런 점에서 다음과 같은 표현들은 그 난해의 울타리만 넘어서고 보면 독창적 이미지로 신선한 심미적 사유를 가능케

할 것으로 보인다. ㉮-"늙은 고양이가 어슬렁거리는 들녘"이라든지, ㉯-"푸른 잔디밭에서 웃는 도둑" 그리고 ㉰-"파문이 넘실대는 새벽 수평선 박히지 못한 못 자국처럼" 등의 표현이 그것이다.

이 작품의 제목이자 제재를 상기할 필요가 있다. "별의 산책"에는 위의 표현들을 형상하고자 하는 의도들을 이미지화한 것으로 보인다. 즉 '별'은 다름 아닌 바로 '시적 자아'인 셈이다. 시적 자아가 다음과 같이 자아를 둘러싸고 있는 세계를 산책하는 것으로 보인다.

㉮-에는 '거친 바다'와 함께 시적 자아가 관망하는 세계의 이미지로 보인다. 들녘의 이미지는 생산과 평원의 어떤 것이다. 늙은 고양이는 이 풍요의 공간에서 주체가 되지 못하고 방관자 혹은 아웃사이더가 되어 주변을 맴돌 뿐이다. 거친 바다도 그렇고, 들녘에서도 그런 존재일 뿐이다. 그만큼 시적 자아의 세계는 불온하고 불안하며 세기말적 이상 기운이 넘실댄다. ㉯-의 이미지는 ㉮의 이미지에서 멀리 않다. '푸른 잔디밭'은 평화와 안식의 어떤 상태다. 그곳을 넘보며 도둑은 회심의 미소를 짓는다. 세상은 그런 곳일지도 모르겠다. 시적 자아가 마주하고 있는 세계는 부조리와 모순이 가득한, 도둑이 활개 치기 좋은 공간일 수밖에 없어 보인다. ㉰-에서는 앞의 두 이미지가 마주치는 곳이다. 세상娑婆世界는 괴로움이 넘쳐나는(파문이 넘실대는) 인간 세계다. 이곳에서 시적 자아는 혹여 나무십자가에 못 박혀 죽음으로써 인류의 죄악을 구속救贖한 어떤 성자를 상상했을 것이다. 그러면서 그럴 수

없는 시적 자아의 처지를 냉철하게 그려내고자 했을 것이다. 세상의 지평(수평선)을 바라보면서, 그렇게 심미적 산책을 하였을 것이다.

우리는 산책을 한다. 산책이 일정한 거리를 오가는 행위만은 아니다. 산책은 몸의 작동이자 정신의 리듬을 풀어내는 정신적 행위, 곧 사색의 다른 이름이다. "나는 늘 같은 시간에 산책하려고 노력한다. 산책은 직장과 마찬가지다. 매일 같은 시간에 출발해 같은 시간에 끝마치는 습관을 들여야 한다. 산책할 때는 생각할 것들을 챙겨야 한다. 어려운 과제들을 가져가는 것이다. 그래서 나는 동행을 두지 않는다. 산책의 동료는 고뇌로 족하다."-(쇼펜하우어)

청림 시인이 쇼펜하우어를 만났을지도 모를 일이다. '별의 산책'을 통해서 시인은 깊은 고뇌를 이렇게 풀어내려 했을 것이다. 쇼펜하우어가 그랬지 않았던가. 산책의 동료는 고뇌로 족하다고! 이 작품에서 시인은 쇼펜하우어의 그 고뇌를 '지금+여기'의 관점으로 그려낸다. 그럼으로 시의 난해성은 저주가 아니라 축복이라는 주장이 시문학의 정설일 수밖에 없다. 이 작품이 담고 있는 깊은 고뇌의 변주가 우리의 삶을 심미적으로 성찰하게 하지 않는가.

3. 靑林, 인문학적 삶이 진리의 구경究竟에 이르다

구경은 究竟이다. "어떤 과정의 마지막이나 막다른 고비"를 이른다. 불교에서는 '사리事理의 마지막' 곧 "수행이 끝나서 얻는 완전한 깨달음의 경지"를 이르기도 한다. 시인이 시를 쓰는 궁극적인 이유도 여기에서 멀지 않다고 생각한다.

필자는 선승禪僧이자 시인詩人이었던 무산 조오현 스님의 입적을 지켜보면서, 그리고 그분이 불제자로 수행하며 남긴 시작품들을 통독하면서 이런 생각을 얻었다. "승려는 출가하여 속세와 인연을 끊고 산속에서 수행하는 시인이 되어야 하고, 시인은 재가하여 속세의 인연 속에서 수행하는 승려가 되어야 한다." 승려로서 수행 중에 깨달은 바를 시적 언어로 그려낸 작품들은 한결같이 법문이었으며, 속세의 중생들에게 감동적인 교훈이 되었음을 목격하였다. 그냥 교훈이 아니라 심미적 감동으로 오는 깨달음이었다.

시인의 삶도, 시인이 추구하는 시문학의 세계도 여기에서 멀어서는 안 될 것이라는 각오를 되새길 수 있었다. 비록 출가하여 속세와 인연을 끊지는 못했지만, 출가승처럼 속세의 이전투구의 삶에서 한발 물러나 있는 곳이 시인의 자리가 되어야 할 것으로 보았다. 그렇지 않고 한 발은 속세의 열탕에 담가두고, 또 한 발은 순수한 시심의 냉탕에 담가둔 채, "나는 평균적으로 가장 행복하다."며 미사여구를 남발하는 시라면, 이런 시를 시라 할 수 없으며, 이런 사람을 시인이라 할 수 없을 것으로 보기 때문이다.

청림 시인의 다음 작품도 아마 그런 시심의 형상화 작업 끝에 얻어진, 시적 발상의 구경에 이른 것으로 보인다.

지친 초록들이 쓰러져 나부끼는 거리
자동차 바퀴에 휘말려 오르는 낙엽 다발들

한 해 동안 여로를 마치고
그 어느 제 곳으로 돌아갈 채비를 서두른다

목과 허리가 잘린 바람의 잔해들
도시 건물 벽에 걷는 길이 가로막히자
서로 흩어지고 합치기를 반복하면서
찌든 세상을
유리알처럼 닦아놓는다

바람의 연주로 익어가는 가을,
그의 부음(訃音)이 문자로 알려왔다
휴대폰에 저장된 산 자의 이름이
갑자기 망자로 바뀌는 순간
물끄러미 그의 이름이 나를 쳐다본다

목을 죄어올 듯 허무의 그리움,
무의미하게 보낸 하루를 매질해보지만
지워진 길을 다시 갈 수는 없다

그 길은 오직 나만 알 수 있는 이야기를 담고 있다
가을이 깊어가니 철학이 내게 말을 걸어온다
　　　　　　－ 신영규「철학이 말을 걸어오다」전문

　이 작품은 앞의 작품에 비해 매우 온건한 이해와 감상의 손길을 잡아준다. 작품의 구성이 시적 변용의 이음새를 깔끔하게 지워가면서, 사실[풍경]과 정의[의미]를 한 몸으로 엮어낸다. 시의 구성법에서 피할 수 없는 경지이지만, 소재를 다양한 시적 진술로 바꿔가면서 그 본의本義-원관념元觀念을 확장해 간다. 시다움이 취할 법한 길이다.

제재는 가을 낙엽이다. 가로수 낙엽이 가을철을 맞아떨어져 흩어지는 광경이 시안에 포착되었다. 이렇게 담아낸 제재에는 이미 한 생을 마친 존재의 갈 곳이 암시되어 있으며, 그러기 전에 온갖 시름에 부대낄 수밖에 없는, 존재가 겪는 삶의 과정이 '자동차 바퀴에 휘말려' 갖은 고초를 겪는다. 존재의 실상에 대한 비유적 진술이다.

도시의 나무들은 그 겪어야 할 고초가 배가 된다. '목과 허리가 잘린 잔해들'처럼, 도시라는 삭막한 벽에 가로막히는 인간 군상처럼, 낙엽과 다름없을 인간의 삶도 '서로 흩어지고 합치기'를 반복할 수밖에 없다. 생활의 실상이 나무들의 삶과 진배없다. 낙엽의 일생이 인간의 삶으로 변용되는 순간이다. 그러면서도 희망의 끈을 놓지 않는다. "찌든 세상을/ 유리알처럼 닦아놓는다"고 했다. 낙엽이, 바람이 휩쓸고 간 도시의 면모일 리는 없다. 그렇게 휩쓸려가고 나면 남은 것은 곧 투명한 세상이 될 것이라는 바람[望]일 뿐이다.

시적 진술은 다른 방향으로 변용의 진로를 취한다. "그의 부음訃音이 문자로 알려왔다."는 것이다. 그러니까 '그'로 상징된 시적 화자의 지인[人間] 역시 하나의 낙엽과 다름없는 존재일 수밖에 없으며, 그 낙엽이 졌음을 알려왔다는 것이다. 가을 낙엽의 진술 뒤에 이어지는 부음임으로 자연스럽게 시적 변용이 이루어진다. 낙엽도 가을을 맞아 바람에 휩쓸려

갔듯이, 시적 자아의 지인 역시 그렇게 스러져갔을 뿐이다.

그런 지인이 남은 것은 '이름'뿐이다. "산 자의 이름이/ 망자로 바뀌는 순간"이 누구에게나 오고야 만다. 그러므로 이름을 이름이라고 부르면[名可名非常名] 이미 이름이 아닌 것이 되고 만다. 물끄러미 그의 이름을 들여다본들, 그 이름이 그의 지인은 아닌 것이다. 아무리 아니라고 해도, "호랑이는 죽어 가죽을 남기고 사람은 죽어 이름을 남긴다.[虎死留皮人死遺名]"고 아무리 왜장쳐 봐도 그의 이름이 그는 아닌 것이 되고 만다. 이게 존재의 실상이다.

그러자니 허무감이 밀려올 수밖에 없을 것이다. 아무리 자신의 생애를 반추하며("매질해보지만") 허무의 그림자를 세워보려 하지만, 지워진 길을 다시 갈 수는 없다. 지워진 이름을 부른다고 그가 다시 올 수 없다.

"가을이 깊어가니 철학이 내게 말을 걸어온다."고 했다. 세상에는 두 부류의 인간이 있다고 한다. 하나는 내가 누구인지 궁금해하는 사람과 다른 하나는 내가 누구인지 궁금해하지 않는 사람이다. 전자처럼 사는 대표할 만한 사람을 들라면 불가의 수행자나 시인을 꼽을 수 있을 것이다. 이들의 특징은 내가 누구인지 끝없이 묻고 탐구하지만 끝내 그 해답을 얻지 못한 사람들이다. 그러나 이렇게 산다고 해서 승려들이나 시인들이 불행하다고 느끼지는 않을 것이다. 오히려 행복을 구가할 것이라는 짐작이나 믿음이 간다.

대부분의 사람들은 후자처럼 살아간다. 현실이 각박하니, 목구멍이 포도청이니, 하루 살기도 버거운데 굳이 내가 누구인지 궁금할 리 없다는 것이다. 이들이 이렇게 산다고 해서 특별히 불행한 것은 아니다. 주어진 삶에 만족하며, 나아가 더 많은 성취와 쾌락을 추구하며 날마다 되풀이되는 삶의 전선을 무한 욕망으로 채워간다. 그러나 이렇게 산다고 해서 이들이 행복하다고 느끼지 못하는 것 같다. 오히려 불행하다며 불평과 불만 속에 날이 새고, 날이 질 것이란 짐작은 간다. 욕망이란 충족되지 않은 영원한 갈증이므로….

청림 시인은 이 대목에서 평생을 인문학을 탐구하며 마침내 존재의 의의를 규명할 수 있는 단서를 얻은 것으로 보인다. "가을이 깊어가니 철학이 내게 말을 걸어온다."고 했다. 인생도 중년을 지나는 계절이 오면 진지하게 존재의 근거, 삶의 이유, 그리고 존재의 필경(畢竟: 존재의 끝장)에 대한 사유의 깊이에 들어가야 한다. 그런 점을 청림은 간파한 것으로 보인다. 앞에서 언급하지 않았던가. 승려는 출가하여 시인이 되어야 하고, 시인은 재가하며 승려가 되어야 한다고!

나는 어디에서 왔는가, 나는 누구인가, 나는 어떻게 살아야 하는가, 나는 끝내 어디로 가는가? 그런 물음에 대한 해답을 찾는 일에 나서야 한다. 철학이란 다른 변설이 아니다. 이런 궁금증을 자아의 물음으로 삼고, 그 자문에 대한 해답을 찾아가는 과정일 뿐이다. 그렇지만 끝내 그 대답을 얻지는 못할 것이다. 이미 대각견성했다는 선승들이나, 인구에 회자되는 불세출의 시인들조차도 정확한 해답, 아니 유일무이한 응답을 얻지는 못한 것으로 보인다. 왜냐하면 깨달음에 대한 깨달음을 지속적으로 추구하는 수행승들이 천년을 이어가고 있으며, 새로움의 새로움을 찾는 시인들이 여전히 구름밭이나 안개 터널을 찾아 헤매는 것으로 보아 그렇다.

그래도 청림 시인은 그런 궁금증을 과제로 삼았다고 선언한다. '철학이 걸어오는 말'에 따르면 된다. 어찌 보면 이 시집의 작품들은 그가 말을 걸어온 철학적 질문들에 대하여 응답한 것들을 모아 놓은 것으로 보아도 무방하다. 그런 작업들이 자신의 성취에서 끝나지 않는다. 내가 누구인지 궁금증을 지니지 않은 사람들에게 새로운 질문의 형식들을 제공할 수 있다는 점에서 창작은 유효하다. 물론 그런 설정을 전제하며 시는 이루어지지 않는다. 그저 시적 자아의 "나만 알 수 있는 이야기"를 풀어 가다 보면 이르는 결과적 산물일 뿐이다. 누군가 목마른 사람이 그의 철학적 이야기에서 갈증을 해소할 수도 있을 것이다. 창작의 산물은 그렇게 불특정 다수에게 주는 의도하지 않은 선물일 때, 의미가 살아난다.

청림이 만난 나만의 이런 이야기들은 그가 평생을 인문학적 삶의 구경에 이르렀을 때 비로소 가능했을 것이다. 존재의 됨됨이를 풀어내려는 자발적이고 지성적인 노력 없이 어떻게 하루아침에 이런 깨달음에 닿을 수 있겠는가.

4. 靑林, 자성自省의 한 방법으로 인문학을 탐구하다

사람의 몸은 자신이 먹은 대로 이루어진다고 한다. 유기농으로 재배된 채식 위주의 식사를 즐겨하는 사람과 동물농장에서 알 수 없는 각종 항생제를 투입하여 생산된 육식 위주의 식사를 선호하는 사람의 몸이 같을 리 없다. 몸은 정직하다.

먹은 대로 반응한다.

  몸만이 아니다. 정신도 마찬가지다. 어떤 메뉴가 정신의 식탁에 놓여 있는가에 따라, 그 사람의 멘탈(mental: 생각하거나 판단하는 마음의, 정신의, 머릿속의, 지능의 세계)이 달라진다. 굳이 외래어를 쓴 이유는 '정신'이 한 마디로 저 다양한 의미망을 담을 수 없다고 여겨서다. 일상의 식탁에 극우 편향의 언론을 올려놓고 먹는 사람과 균형 잡힌 진보 언론을 올려놓고 식사하는 사람의 멘탈이 같을 수 없다. 눈만 뜨면 은행에 저장된 수치나 주식시세의 변동에 눈을 붉히는 사람과 가을날 낙엽비로 쏟아지는 은행나무 잎에서 철학을 읽는 사람의 멘탈이 같을 수가 없는 것은 당연하다.

  그 중에서도 책을 일상의 식탁에 올려놓고 사유의 식사를 하는 사람이 있다. 다음 작품에서 청림은 자신을 성찰하는 한 메뉴로 책-독서를 올려놓고 있음을 본다.

> 내 골방 동서쪽 벽면에 세 개의 5단
> 책장이 서 있다
> 자고 이래의 여러 지식이 도열해 있는
> 도서 소장고,
> 플라톤과 장자가 한판 승부를 벌일 듯
> 동서양 사람들이 서로 눈살을 찌푸리고,
> 문학과 철학 서적은 사이좋게
> 정치 경제 책들은 서로의 과오를 떠넘기고
> 시와 수필은 형제처럼 우호적이지만
> 소설은 시와 수필을 비웃는다

> 내가 철학과 문학을 아는 것도
> 지식 창고에 꽂힌 저 책들의 덕이며,
> 책은 사람이 만들지만 지식은 책이 만든다
> 나는 오늘도 내일도 숨 쉴 때마다
> 인생 텃밭에 지식의 종자를 뿌리고자 하건만
> 제대로 아느냐고
> 책장들이 짐짓 꾸짖는 듯하다
>
> — 신영규 「책꽂이」 전문

 이 작품에는 청림 시인이 살아왔던 인문학적 삶의 깊이를 짐작하게 하는 정보들이 담겨 있다. 앞에서 무엇을 먹었는지 자신의 몸이 보여주고, 무엇을 섭렵하였는지 자신의 정신이 드러난다고 했다. 이런 까닭으로 보면 지금까지 청림 시인이 보여주고 드러낸 시문학의 됨됨이는 바로 자신이 살아오고 섭취했던 인문학적 삶의 결과인 셈이다.

 어린 러셀(B.A.W.Russell. 1872~1970. 영국. 철학자, 수리논리학자, 1950년 노벨 문학상 수상)이 서재에서 할아버지에게 물었다. "할아버지, 이 책을 다 읽으셨어요?" 그러자 할아버지는 "말도 안 되는 소리! 하지만 나도 위대한 생각들 틈에 있는 게 좋단다."라고 대답했다. 책을 읽지 않고 현명해지는 길이 어딘가에 있을 것이다. 말의 길이 끝난 자리에서 드러나는 진리[言語道斷]도 있을 것이다. 언어를 앞세우지 않고도 진리[不立文字]에 이르는 방법도 있을 것이다. 스승을 두어 가르침을 받지 않고도 깨달음[敎外別傳]에 닿을 수도 있을 것이다. 이는 앞에서 언급했던 수행승들의 길에서는 얼마든지 찾을 수 있다.

청림처럼 속세에서 수행승처럼 시를 쓰고자 한다면, 책 독서를 하지 않고서는 그 길이 막연할 터이다. 청림의 서가가 5단이라고 했다. 자고이래로 여러 지식이 도열해 있다고도 했다. 그 도열된 지식의 섭렵 정도를 풀어낸 시적 진술이 뜻 깊다. 책을 읽지 않고서는 도무지 헤아릴 길이 없었을 핵심을 실체적인 독서 과정으로 풀어낸다.

"플라톤과 장자가 한판 승부"를 벌일 태세라고 진단한다. 근대화 이후, 서양의 문물이 동양을 집어삼킬 듯이 거세게 밀려들어 온 이후[西勢東占] 철학도 서양 위주로 그 세력권을 형성했다. 그러나 서양보다 그 뿌리의 연조가 결코 짧지 않은 동양철학이 서서히 그 위상을 밝혀가면서, 이제는 동서양 철학에 만만찮게 겨루기 한판에 들어간 형세다. 청림 시인의 철학적 섭렵이 어떻게 시의 위상을 확립하는데 기여했는가를 짐작하게 한다.

"문학과 철학 서적은 사이좋게" 자리하고 있단다. 문학에 철학적 사유가 빠진다면, 문학작품은 그야말로 언어의 희롱-말장난에 지나지 않을 것이다. 문학은 철학적 질문과 그 응답을 허구[fiction]라는 명패를 앞세우고, 서정이라는 몸의 언어로, 사람살이의 정곡을 찌르는 언어 작용의 에센스essence다. 철학은 한결같이 문학을 자신의 영역에서 한층 낮은 서열로 내치려하지만, 문학 역시 한결같이 철학에 언어의 옷을 입힘으로써 철학의 실용화에 기여하면서 여기까지 왔다.

청림 시인이 이와 같이 장르의 특성들을 정확하게 파악하고 있음은 "정치 경제 책들은 서로의 과오"를 떠넘긴다는 표현 속에 잘 드러난다. 학자들이 펴낸 경제 진리에 충실한 정치를 폈더라면 국리민복國利民福이 저절로 이루어졌을 터이다. 혹은 경제 원리를 '살아있는 생물'이라는 정치로 다뤘더라면 역시 태평성대太平聖代를 이루는데 부족하지 않을 것이다. 그러나 현실은 그렇지 않다. 정치가는 욕망의 실현 도구로 경제를 삼고, 경제학자들은 정치의 도구가 되거나 고집스러운 낡은 학설로 정치를 폄하하려 한다.

또 있다, 청림 시인이 장르적 특성을 정확하게 파악하고 있는 진술이. "소설은 시와 수필을 비웃는다"고 했다. 하긴 장대한 호흡으로 인생의 단면, 혹은 인간이 이룬 역사의 장강을 전면적으로 다루는 소설의 입장에서 보면 '붓 가는 대로' 써나가는 단장短章의 수필隨筆문학을 문학이라는 같은 자리에 함께 앉히고 싶지 않을지도 모를 일이다. 그런 점에서는 시도 마찬가지다.

그러나 이는 전적으로 청림의 선입견 혹은 수필 문학을 오랫동안 천착해온 과정에서 얻어진 선입관일 수도 있을 것이다. 수필 문학을 널리 펴고, 보통 사람들에게도 글을 쓰는 즐거움과 보람을 위해, 그동안 수필 문학 동아리에서는 다양한 노력을 기울여왔다. 그 결과 수필문학 인구가 엄청나게 불어난 현실이 이를 증명한다.

다만, 이런 시적 진술이 문학의 각 장르마다 지니고 있는 고유한 특성에 대한 언급으로 보면 될 것이다. 그렇게 인문학적 삶을 살아가겠다는 다짐이 시적 진술로 이어진다. "나는 오늘도 내일도 숨 쉴 때마다/ 인생 텃밭에 지식의 종자를 뿌리고자."한다는 것이다. 알아도 제대로 알겠다는 것이다. 그의 서가에 꽂힌 책들이 이를 부추기며, 이를 통해 인생의 텃밭을 인문학의 자양분으로 기름지게 가꿔가겠다는 다짐이다.

자신을 돌아보며[自省], 매일을 새롭게 꾸려가는 사람만큼 무서운 사람이 없다. 비록 시적 정서에 의지해서 그런 내심을 피력하고 있지만, 청림 시문학의 뿌리가 어디에 닿아 있는가를 짐작하는데 이 작품은 귀한 정보를 제공하는 셈이다, 그것도 서정의 맥락으로.

5. 靑林, 세상과 사람살이의 폭과 깊이를 그려내다

청림 시인이 관심을 갖는 분야는 다양하다. 그 작품들이 보여주는 바에 따르면 인간사 시적 제재에서 비켜갈 것이 없을 것으로 보인다.

특히 삶의 간고함에 대한 측은지심[惻隱之心], 고단하게 펼쳐지는 삶의 고통을 외면하지 않고 정면으로 마주하려 한다. 이런 시심은 단순히 안쓰러운 동정심에서 유발되는 게 아니라, '사람됨'의 근본 의미에 대한 천착으로 이어진다.

다음 작품이 그런 시적 정서의 사례가 될 것이다.

> 내가 느린 걸음으로 인력소 앞을 지날 때마다
> 고단한 삶의 냄새와
> 채 가시지 않은 망치 소리가 연신 들려오는 것처럼
> 도로에도 외제차들이
> 반짝반짝 붕붕거리며 달리고 있었다

어디서 무얼 했는지 옷은 흙구덩이고
한쪽 신발은 찢겨 너덜거린다
신(神)들이 떨어뜨린 심성 깊은 마음으로
침묵을 주물럭거리며
봄날을 기다리는 것일까
삶의 몸짓으로 다가오는 생의 마감은 강가에도,
다리 위에도, 폐선의
부서진 딱지 위에도 켜켜이 쌓이지만,
　　　　- 신영규「인력소 앞에서」부분(전3연 중 2연)

청림 시인은 이 작품의 3연에서 심각한 문제를 제기한다. "이럴 때 흔히 '인간은 무엇인가' 의문을 가지지만" 2연의 제시에 이어지는 시적 진술이다. 자본을 근간으로 형성된 자유민주주의 사회에서 저마다 지닌 삶의 형식과 양상을 획일적으로 재단할 수는 없다. 청림 시인은 인력소 앞에서 구차한 삶의 양상을 드러낸 사람들에 대해서 심기가 편치 않음을 드러낸다.

프랑스 철학자 사르트르는 실존주의를 표현하는 구호처럼 이렇게 말했다. "실존은 본질에 앞선다." 이 말이 담고 있는 뜻은 사물의 본질, 즉 본성이 존재 그 자체보다 더 근본적이고 불변적이라는 기존의 관점을 뒤집은 표현이다. 실존, 즉 존재가 먼저이고 존재가 등장하기 전에는 본질은 없다고 본다. 이런 관점에서 보자면, 인력소 앞에서 일감을 기다리는 노동자들이나, 외제차를 타고 다니는 사람들의 본성은 다름이 없다는 것이다. 없어야 한다는 것이다. 주어진, 해내야 할,

혹은 치러야 할 업무의 차이로 실존(실체적 삶)에 아무런 차이가 없음을 에둘러 청림은 질문의 형태로 드러냈을 것이다.

그럼에도 불구하고 우리는 이렇게 불평등하고, 또는 심각하게 차별화된 양극화된 사회의 실상에 대하여, 나아가 작동하는 사회시스템의 건강성 여부에 대하여, 관심조차 가지지 않는다면, 실존적 인간으로서 의무를 포기한 꼴이 될 것이다.

다음 작품에서 청림 시인이 자신을 어떻게 그리고 있는지, 자화상을 보기로 한다.

> 내 삶은 언제나
> 암묵적 지위에서 시든 낙엽이었고
> 휑한 황무지로 입술이 부르튼 채 내몰렸고
> 시린 바람이 불쑥 들어
> 구멍 뚫린 가슴에 차곡차곡 쌓여만 갔다
> 그간 홀로 버티며
> 고독한 계절의 벼랑 끝 언저리에서
> 행복도 희망도 놓쳐버린
> 이제 살아온 날 내게 말하노니
> ― 신영규 「자화상」 부분(전4연 중3연)

필자가 그동안 우리 고장 문학사회의 언저리에서 보아온 그대로다. 청림 시인은 굳이 시적 표현이랍시고 비유의 뒤안길에 숨어서 자신을 미화하려 하지 않는다. 진리를 탐구하려는 사람은 외롭다. 이때 외로움은 자발적 소외와 다름이 없다. 그래서 창조적 삶을 꿈꾸는 사람들에게는 이렇게 자청한 외로움을 고독이라고 한다. 처음 아침놀을 마주할 때도 홀로 왔고, 마지막 저녁놀의 배웅을 받을 때도 인간은 홀로일 수밖에 없다. 그 과정에서 사람과의 관계의 끈에 끄달리며 인간은 하지 않아도 좋을 고뇌에 시달리게 된다.

인간이 고통스러운 삶을 겪으며 실낱같은 희망을 낳았지만, 그것처럼 불확실한 처방도 없다. 그래서 행복을 대안으로 삼는다. 행복 역시 순간의 감정일 뿐 지속되는 상태가 아니다. "고독한 계절의 벼랑 끝 언저리에서" 청림은 고독한 창조자의 모습을 유지하려고 애를 쓴다. 그게 바로 (시)문학적 삶이다. 불확실한 희망의 끈을 잡고 애면글면 하지 않겠다는 것, 찰나의 달콤함이 주는 행복의 유혹에 넘어가지 않겠다는 것, 그렇게 자신의 됨됨이를 그려낸다. 그래서 자화상은 자신의 '얼골[영혼(얼)이 깃든 뼈(골)]'를 그리는 일이다.

그런 자발적 고독 끝에 청림은 "지평선 위의 해를 모자로 만들어주고/ 향기로운 구름산을 나에게 다오."라고 결구한다. 하늘과 땅이 맞닿은 곳에 씌우는 '모자'는 그의 종언에 대한 예견이다. 사람의 운명[지상]과 창조주의 뜻[하늘]이 만난 곳은 곧 운명의 종착점이 될 것이다. 그때 받는 모자는 영광의 면류관이 될 것이다. 무상한 삶의 종착점에서 '허무[구름]했으나 아름다웠다[향기]'고 술회하는 것이 청림 시인이 스스로를 그려낸 자화상의 참모습이다.

그런 종언이 가능하려면 시법에 충실해야 한다. (시)문학적 삶만이 그런 자화상을 완성할 수 있음을 그는 간파하고 있다. 그런 심상과 시상을 다음 작품에서 엿볼 수 있다.

> 그 가슴속에
> 사진 한 장과 글자 몇 자 정도만 적혀 있으면 되느니
> 나머지는 아깝도록 허전하게 희멀건 해야 하느니
>   − 신영규 「시법詩法」 부분(전4연 중4연)

시법은 곧 삶의 법칙이다. 시문학 따로 삶의 방법 따로 갈 수 없다. 시인에게는, 다른 삶의 양상들은 그럴 수도 있다. 손발이 저지르는 일들과 가슴머리가 지향하는 방향이 다를 수 있다. 그러나 시법은 그럴 수 없다. 그래서는 안 된다. 시가 말장난이 아니라 시인의 전 인격이 반영된 세계라면 이처럼 손발과 머리가슴이 따로 놀 수 없다.

청림 시인은 이런 시법을 잘 안다. 그래서 "사진 한 장과 글자 몇 자 정도만" 적혀 있으면 된다는 것이다. 어디에? 그의 시에, 그의 삶에, 시에 반영된 시인의 삶이 그러해야 한다는 것이다. 더 나아가 "나머지는 아깝도록 허전하게 희멀건" 해야 한다고 자신을 채근한다. '사진 한 장'에 담긴 심상(心象 image)의 폭과 깊이가 어떠한지, '글자 몇 자'에 실은 의미의 폭과 깊이가 어떠한지 짐작할 수 있다. 더구나 출가승의 깨달음처럼 "아깝도록 허전하게 희멀건"해야 한다는 진술은 평생을 시에 몰입해온 노시인에게서나 들을 수 있는 참언(讖言: 앞일에 대하여 그 길흉을 예언하는 말)일 법하다. 그런데 이제 겨우 첫 시집을 세상에 내놓은 시인에게서 이런 깨달음을 듣는 심정이 참신하다.

물론 이런 결구는 앞(1연~3연)에서 깔아둔 전제가 있어 가

능했다. ㉮"시어들이 석류알" 같으면, 이런 시들은 청소차에 실려 가야 한다. 차라리 "검은 비닐봉지" 같아야 한다고 지적한다. "그 안에 작은 알밤" 정도만 남기고, "아쉽도록 풍덩하니 헐렁거려야"한다고 시법을 제시한다. 또 있다. ㉯"늬 시가 풀빵 담겼던 신문지 봉지" 같다면 "비에 젖은 낙엽처럼 길바닥, 광장에 좍" 버려야 한다고 일갈한다. 그러느니 차라리 "전단지들" 같아야 한다고 시법을 제시한다.

㉮의 표현들은 이미지가 충실하게 구축되어야 한다는 시법의 일단을 제시한 셈이다. 미사여구(美辭麗句)-석류알만 잔뜩 늘어놓기 전에, 단단한 이미지의 구축 없이 시가 될 수 없다. 차라리 '검은 비닐봉지'처럼 단단하고 애매한 시의 생명력을 지녀야 한다는 것이다. 애매성(ambiguity)은 시의 생명이자 숙명이다. 속이 훤히 보이는, 투명한 비닐봉지 같이 알아보기 쉬운 시가 좋다며 선호하는 경향이 있다. 그러나 시의 본질은 모호성을 생명으로 한다. 검은 비닐봉지의 이미지는 이에 딱 들어맞는 절묘한 이미지다.

㉯의 표현들은 목적 지향적 시들, 심상이나 시적 정서보다는 의미맥락을 앞세우는 시들에 대한 견해다. 무의미의 시를 순수시라 한다면, "풀빵을 담았던 신문지 봉지"같은 시들은 목적시라 할 수 있다. 시가 그렇게 삶의 수단이자 도구로 전락하느니, 차라리 노골적으로 상품을 선전하는 '전단지'가 한 길 위라는 뜻이다. 냉소적으로 비꼬는 말투다. 그런 본의를 형상화하기 위해 동원된 이미지들이 적절하고 효과적이어서 참신한 맛을 더한다.

이런 표현들은 결과적으로 청림 시인이 객관세계[세상]과 주관세계[사람살이]를 조응해서, 폭과 깊이를 더하려는 (시)문학적 삶의 지향성으로 보인다. 삶은 엄숙하다. 그러나 그 엄숙성을 위해서 그보다 더 엄숙한 실존을 훼손할 수 없다. 청림 시인이 자발적 고독 속에서 몸부림치며 살아왔을지라도 한결같이 간직하고 있던 문학정신이 이 한 권의 시집에 온존하게 집약되어 있음을 살펴봤다.

   그가 일관되게 인문학적 삶을 지향해 온 것, 서정성을 형상화한다며 정직한 삶을 양보하지 않은 것, 이런 삶이 그의 문학의 고갱이가 되었다. 더불어 존재의 실상을 탐구하여 진리의 구경에 이르려 발심한 것, 인문학이 지식의 섭렵이 아니라 자신을 성찰하는 한 방편으로 삼은 것, 이런 지속적인 삶이 결과적으로 세상과 사람을 그려내는 폭과 깊이를 더했으리라.

   그의 문학 인생에 해의 모자와 향기로운 구름산이 도래하기를 바라며 소론을 접는다. ♣

신영규 시집
바람도 꽃피는 계절이 있다

인쇄 | 2025년 01월 02일
발행 | 2024년 01월 05일

지은이 | 신영규
발행인 | 서정환
펴낸곳 | 인간과문학사

주 소 | 서울특별시 종로구 삼일대로 30길 21, 종로오피스텔 809호
전 화 | 02)742-5875, 063)275-4000
등 록 | 제300-2013-10호
E-mail | human3855@naver.com inmun2013@hanmail.net

ISBN 979-11-6084-248-7 03810
값 13,000원

* 저자와 협의하여 인지는 생략합니다.
* 잘못된 책은 바꿔 드립니다.

이 책은 전북특별자치도 문화관광재단 지역문화예술육성지원금으로 제작되었습니다.